그림일기

백과
사전

이 세상에 단 하나뿐인
그림일기 백과사전

2판 1쇄 발행 2025년 1월 2일

지은이 김민경
발행인 조상현
마케팅 조정빈
편집인 김주연
디자인 Design IF, 유효경

펴낸곳 더디퍼런스
등록번호 제2018-000177호
주소 경기도 고양시 덕양구 큰골길 33-170(오금동)
문의 02-712-7927
팩스 02-6974-1237
이메일 thedibooks@naver.com
홈페이지 www.thedifference.co.kr

ISBN 979-11-6125-522-4

•일러두기
1. 구어체의 표현으로 일부 맞춤법에 어긋난 표현(소장템, 안 비밀 등)이 있습니다. 널리 양해를 구합니다.
2. 내용의 재미와 이해를 돕기 위해 이모티콘(ㅜㅜ, ^^ 등)을 사용하였음을 미리 밝힙니다.

이 세상에 단 하나뿐인

그림일기

백과사전

700개의 그림으로 만드는

창의력과 표현력을 키워주는 그림일기 습관

더디퍼런스

오늘은
아무 일도 없었는데
그림일기에
뭘 그리고 쓰지?

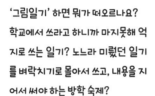

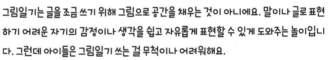

'그림일기' 하면 뭐가 떠오르나요? 학교에서 쓰라고 하니까 마지못해 억지로 쓰는 일기? 노느라 미뤘던 일기를 벼락치기로 몰아서 쓰고, 내용을 지어서 써야 하는 방학 숙제?

그림일기는 글을 조금 쓰기 위해 그림으로 공간을 채우는 것이 아니에요. 말이나 글로 표현하기 어려운 자기의 감정이나 생각을 쉽고 자유롭게 표현할 수 있게 도와주는 놀이입니다. 그런데 아이들은 그림일기 쓰는 걸 무척이나 어려워해요.

저희 아이도 어느덧 초등학교를 입학해서 그림일기를 쓰기 시작했는데, "엄마, 오늘 특별한 일도 없었는데 뭐라고 일기를 쓰지?"라고 물어 보는 것이었습니다. 동물원이나 놀이공원에 간 특별한 날은 쉽게 일기의 소재를 찾지만, 평범한 일상일 때는 어떤 내용을 쓸지 한참을 고민하더군요. 그러면 저는 하루 동안 있었던 일에 대해 아이와 대화합니다. 학교 점심 메뉴는 뭐였는지, 방과 후 수업은 재밌었는지, 피아노 학원에서 새로 배운 곡에 대해 이야기하고, 놀이터에서 무엇을 하고 놀았는지에 대해서도 물어 봅니다. 그러던 중 아이는 갑자기 "엄마, 나 놀이터에서 신발 던지기 놀이한 거 쓸래." 하며 자리를 박차고 일어나서 자기 방으로 달려갑니다. 얼마 후 "엄마. 그런데 신발을 어떻게 그리지?"라며 그리기의 어려움을 호소하며 다시 방에서 나오곤 하죠.

아직은 아이들이 신발 던지기를 하는 상황 전체를 그림으로 완성하는 것은 쉽지 않습니다. 그래서 신발을 가져와 요리 보고, 저리 보고 하면서 같이 그려 봅니다. 신발이 아주 크게 그려지고, 친구들은 옆에 작게 서 있는 그림이 그려졌습니다. 신발이 너무 크게 그려진 것 같다며 이상하다는 아이에게 "신발이 꼭 하늘을 날고 있는 것 같은데?"라고 했더니 눈을 반짝이며 '신발 던지기 놀이'라고 적었던 일기 제목을 '하늘을 나는 내 신발'이라고 고쳐 적습니다.

그림은 작은 소재들을 많이 관찰하고 하나씩 그려 보면 소재들을 엮어서 상황을 표현하는 것에 점점 자신감이 생기게 됩니다. 이 책은 일상에서 볼 수 있는 소재들을 총망라하여 주제별로 찾기 쉽게 분류하였고, 꼭 그림일기가 아니더라도 그림으로 표현하는 것에 어려움을 느끼는 아이와, 부모님들에게 도움이 될 것입니다. 또한 책에 나온 일기 내용을 활용하여 소재를 찾을 수도 있고, 자주 틀리는 단어의 맞춤법도 익힐 수 있습니다.

사실 그림일기는 그림은 서툴고, 맞춤법도 많이 틀리고, 글씨가 예쁘지 않아도 아이가 즐거워하며 쓰는 것이 더 중요합니다. 일기를 쓰면서 아이는 오늘 하루 친구들과 놀았던 소중한 순간을 기억하고, 내일의 다짐도 하는 시간을 만들어 나갈 것입니다. 아이가 자라면서 평범한 일상 속에서도 즐겁고 소중한 시간이 존재한다는 것을 자연스럽게 느끼게 될 거예요. 그리고 부모님들은 아이의 그림일기를 소중히 간직해 주세요. 훗날 아이가 컸을 때 자녀에게 최고의 선물이 될 것입니다.

차례

선 그리기

자, 그럼 편하게 선을 쭈욱 그려 봐요.

간격을 조금 짧게 그려 볼까요?

더 짧게 그리니 왠지 바늘땀 같죠?

아주 짧게 그리니 점이 됐네요!

아래로도 그려 보고, 기울여서 사선도 그려 봐요.

선을 찾아라.

이제 둥글게 둥글게 곡선을 그려 봐요.

아래로 둥글게~

위로 둥글게, 아래로 둥글게~

겹쳐 볼까요?

회오리도 그려 보고, 마음껏 낙서하듯 그려 보는 것도 재미있어요.

곡선을 찾아라.

동그라미 그리기

자, 이제 동그라미 그리기를 연습해 볼까요? 어느 지점에서 시작하든 상관없어요.
하지만 처음과 끝이 만나는 게 예쁘겠죠?

길쭉한 동그라미, 넓적한 동그라미, 큰 동그마리, 작은 동그라미 등 다양한 동그라미를 그려 봐요.

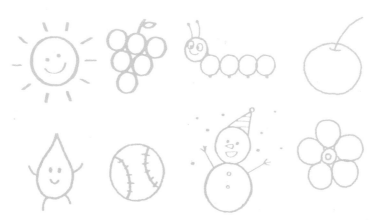

동그라미로 이렇게 많은 그림을 그릴 수 있어요. 우리 주변에 숨어 있는 동그라미를 찾아봐요.

세모 그리기

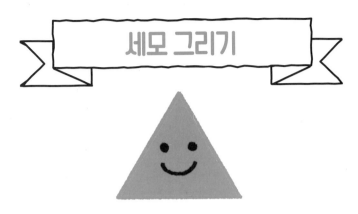

지, 이제 세모 그리기를 연습해 볼까요?
위에서 시작해서 직선으로 반듯하게 그리는 것이 예뻐요.
각 모서리의 끝과 끝이 만나도록 연습해요.

세모를 예쁘게 그려 봐요.

세모로 이렇게 많은 그림을 그릴 수 있어요. 우리 주변에 숨어 있는 세모를 찾아봐요.

네모 그리기

자, 이제 네모 그리기를 연습해 볼까요?
어느 곳에서 시작해도 상관없지만, 직선으로 반듯하게 그리는 것이 예뻐요.
각 모서리의 점이 만나도록 연습해요.

네모를 예쁘게 그려 봐요.

네모로 이렇게 많은 그림을 그릴 수 있어요. 우리 주변에 숨어 있는 네모를 찾아봐요.

동그라미, 세모, 네모 기본 도형으로 그리기

동그라미, 세모, 네모만으로도 우리 주변에 있는 다양한 물건들을 그릴 수 있어요.

그림일기
준비물

그림일기장

  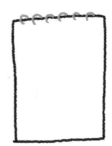

노트 형식의
그림일기장

가장 일반적인 노트로 된 그림 그리고, 글씨를 쓸 수 있는 칸이 나뉘어 있어서 구분이 명확해요.

A4용지

할머니 댁에 놀러 갔는데 일기장을 깜박하고 안 가져왔을 때, 쉽게 구할 수 있는 A4용지에 그린 후 집으로 가져와 일기장에 붙이면 됩니다. 클리어파일에 보관하는 것도 좋아요.

스프링 종합장

글과 그림을 자유롭게 그리고 싶을 때는 칸이 없는 종합장을 사용할 수도 있어요. 일반 노트보다 두꺼워서 물감을 사용할 때 종이가 오그라들지 않는 장점이 있답니다.

그리기 도구

연필

그림도 그리고 글도 쓰는 데 꼭 필요하죠. 힘의 강약에 따라 선의 굵기도 달라지기 때문에 샤프보다는 연필을 사용하는 것이 좋아요. 또 지우개로 지울 수 있어서 잘못 그려도 부담이 없어요.

지우개

연필의 단짝 친구 지우개입니다. 연필로 쓰다가 틀렸을 때 지우개로 쓱쓱 지우고 다시 쓰면 돼요.

색연필

주변에서 쉽게 구할 수 있고 칠하기도 쉬워서 아이, 어른 모두 편하게 색칠하기 좋은 도구입니다. 외출할 때 가지고 다니기도 좋아요.

크레파스

아이들이 좋아하는 재료 중 하나죠. 색연필보다는 좀 더 부드럽고 큰 면적을 칠하기에 좋아요. 색연필보다 힘을 덜 들이고도 더욱 진하게 칠할 수 있어요.

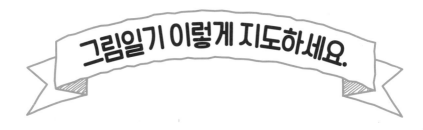

그림일기 이렇게 지도하세요.

1. 자유롭고 재미있게 시작해요.

그림일기는 지겨운 것, 숙제로 인식되면 흥미를 잃고 시작하기 싫어지죠. 잘 쓰지 못해도, 잘 그리지 못해도 매일 즐거운 마음으로 그리다 보면 아이는 점점 자신의 생각이나 감정을 자유롭게 표현할 수 있을 거예요. 무엇보다 즐거운 놀이가 되어야 합니다.

2. 글자 좀 틀려도 괜찮아요.

처음부터 자기 생각을 글과 그림으로 표현하는 것은 쉽지 않아요. 맞춤법이나 표현이 조금 틀리더라도 그때그때 지적하지 마세요. 그림일기는 받아쓰기가 아니랍니다. 매일 쓰다 보면 점점 글자도 틀리지 않고, 어휘도 늘고, 표현력도 더욱 풍부해질 거예요. 조금 느긋하게 기다려 주세요.

3. 그림을 못 그려도 괜찮아요.

모든 것을 전부 그림으로 그리지 않아도 돼요. 그림 그리기를 어려워하는 아이들에게는 사진을 오려서 붙이거나 색종이를 이용해서 자신감을 키워 주세요. 작은 것부터 하나하나 그리다 보면 어느새 그림 실력이 쑥쑥 커질 거예요. 그림은 자신감입니다.

4. 일기 주제를 찾는 최고의 방법은 대화예요.

특별한 일이 없었다면 일기에 뭘 써야 할지 찾기 어려워요. 그럴 땐 아이와 함께 대화를 나누어 보세요. '이걸 쓰면 좋겠다'라고 이야기해 주기보다는 아이가 자연스럽게 찾을 수 있도록 이끌어 주세요. 오늘 하루 있었던 일을 이야기 하다 보면 대화 속에서 아이는 스스로 일기의 주제를 발견하게 된답니다.

그림일기가 재밌어지는 비법

그림일기가 재밌어지는 비법 1
다양한 일기 쓰기 방법

그림 그리기가 자신 없는 아이들은 처음부터 그림일기를 쓰라고 하면 어렵게 느껴질 수 있어요. 그럴 때 유용한 다양한 그림일기 쓰는 방법을 소개할게요.

1. 사진일기(가족사진)

사진이 없다면 프린트로 출력해서 사진을 오려 붙이면 멋진 사진일기가 됩니다.

2. 여행일기

여행하면서 다녔던 곳, 여행지에서 먹은 음식, 숙소, 쇼핑한 물건 등 여행 일정을 기록하는 것만으로도 멋진 여행일기가 될 수 있어요.

3.체험, 견학일기

박물관이나 전시회장을 다녀온 입장권이나 책자도 버리지 않고 일기장에 붙여 볼 수 있어요.

4. 관찰일기(식물, 곤충, 사람, 물건 등)

식물이나 곤충을 키우며 관찰한 것을 그려 보는 거예요. 식물의 상태나 변화를 그려 보고, 곤충이 애벌레에서 성충이 되는 과정을 그리는 것도 멋진 관찰일기가 될 수 있어요.

5. 편지일기

누군가에게 하고 싶은 말이 있을 때 일기장에 편지로 써 보는 거예요. 가까운 부모님이나 친구들, 대통령, 우주인, 좋아하는 연예인 등 편지를 쓰고 싶은 사람이 많아져서 고민될 수도 있어요.

6. 독서일기

재미있게 읽은 책이 있나요? 그럼 책 표지를 그려도 좋고, 마음에 드는 한 장면을 떠올리며 그려 봐도 좋아요.

7. 상상일기

만약 내가 투명인간이라면? 만약 내가 우주인을 만난다면? 놀이처럼 '만약 내가 ~라면'이란 상상으로 일기를 써 보는 것도 재미있는 일기가 완성돼요.

8.만화일기(말풍선 이용)

요즘 유행하는 웹툰처럼 그림을 그리고 말풍선을 이용해서 하고 싶은 말을 써 주면 재미있는 만화일기 완성!

9, 요리일기(사진 콜라주, 레시피 등)

내가 좋아하는 음식이 있다면 그 음식을 사진 찍어 붙이거나 요리의 레시피를 그려 보는 것도 일기가 될 수 있어요.

10. 스티커를 활용한 그림일기

예쁜 옷 스티커가 있다면 옷장을 그리고 그 안에 스티커로 예쁘게 붙여만 주면 내가 꾸민 옷장을 소개하는 일기가 완성! 다양한 스티커를 활용해 보세요.^^

그림일기가 재밌어지는 비법 2
소재 찾기

'오늘은 일기 쓸 게 없는데 뭘 써야 할까?' 하며 고민할 때, 일상에서 소재를 찾는 방법을 소개할게요.

1. 가족 소개 일기

나는 아빠, 엄마, 동생에 대해 얼마나 알고 있을까요? 좋아하는 음식은 먼지, 좋아하는 색깔, 취미 등 인터뷰를 해 보는 거예요. 가족에 대해서 더 관심 갖고 대화해 보는 시간을 가져 봐요.

2. 관찰일기

우리 집에 있는 물건도 좋고, 키우고 있는 동식물도 좋아요. 식물을 키운다면 날짜별로 식물의 상태나 변화를 기록해 보는 것도 일기가 될 수 있어요.

3. 요리일기

내가 좋아하는 음식이 있다면 그 음식을 좋아하는 이유, 요리법, 관련된 에피소드를 적어 보는 것도 좋아요.

4. 독서/영화일기

인상 깊었던 책이나 영화가 있나요? 어떤 점이 좋았는지, 줄거리와 함께 느낀 점이 무엇인지, 책과 영화 속 주인공에 대해 어떻게 생각하는지 등을 적어 보는 것도 멋진 일기가 완성돼요.

5. 호기심일기

작은 호기심도 그냥 지나치지 마세요. '물고기는 어떻게 물속에서 숨을 쉴까?'라는 작은 의문으로 시작해서 책도 찾아보고, 검색하며 알게 된 점이 있다면 이를 기록해 봅니다.

날씨

① 맑은 날
② 무더운 날
③ 흐린 날
④ 천둥 번개
⑤ 먹구름
⑥ 바람
⑦ 무지개
⑧ 비 오는 날
⑨ 달무리
⑩ 달과 별
⑪ 기온
⑫ 눈 오는 날

맑은 날

무더운 날

흐린 날

천둥번개

먹구름

바람

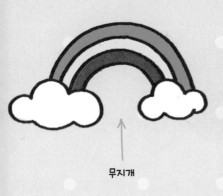

무지개

비 오는 날

달과별

달무리

눈 오는 날

기온

봄

1 꽃
2 벌
3 나비
4 개구리
5 나무

벌

꽃

나무

나비

꽃

개구리

여름

모래성

모래놀이

소라

조개

꽃게

파라솔

수박

복숭아

참외

돗자리

비치볼

튜브

가을

1 다람쥐
2 도토리
3 솔방울
4 코스모스
5 해바라기
6 단풍잎
7 은행잎
8 허수아비
9 벼
10 참새

코스모스

참새

허수아비

벼

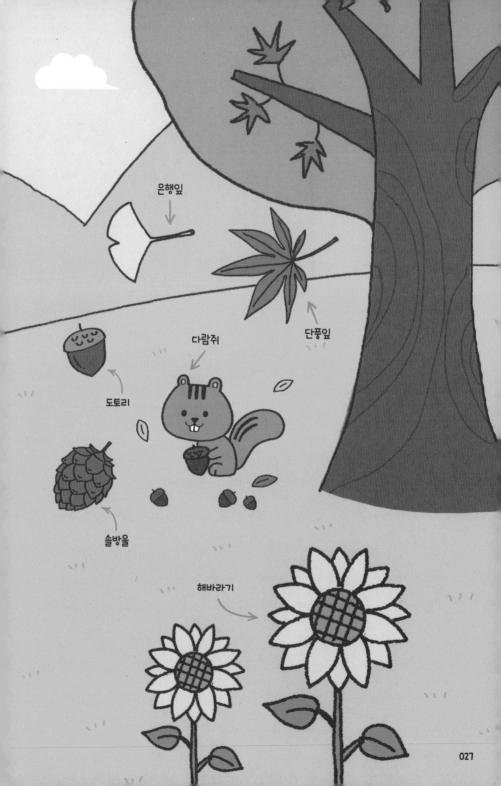

은행잎

단풍잎

다람쥐

도토리

솔방울

해바라기

겨울

1 눈사람
2 눈
3 털모자
4 장갑
5 썰매
6 스케이트

썰매

스케이트

썰매

눈

털모자

장갑

눈사람

나와 가족

아빠

나

반려동물

엄마

할머니

할아버지

동생

여자 형제

남자 형제

방

1. 침대
2. 이불
3. 베게
4. 창문
5. 커튼
6. 책상
7. 의자
8. 스탠드
9. 옷장
10. 거울
11. 컴퓨터모니터
12. 키보드
13. 마우스
14. 벽시계
15. 책장
16. 책
17. 지구본
18. 러그

지구본

벽시계

스탠드

책상

키보드

책

책장

러그

옷장

커튼

거울

푸터
니터

마우스

창문

베개

침대

이불

거실

1. 소파
2. 텔레비전
3. 리모컨
4. 거실장
5. 에어컨
6. 각티슈
7. 스탠드
8. 화분
9. 거실 테이블
10. 꽃병
11. 실내화
12. 전화기
13. 신문
14. 액자

에어컨

액자

스탠드

소파

각티슈

꽃병

거실 테이블

거실장

실내화

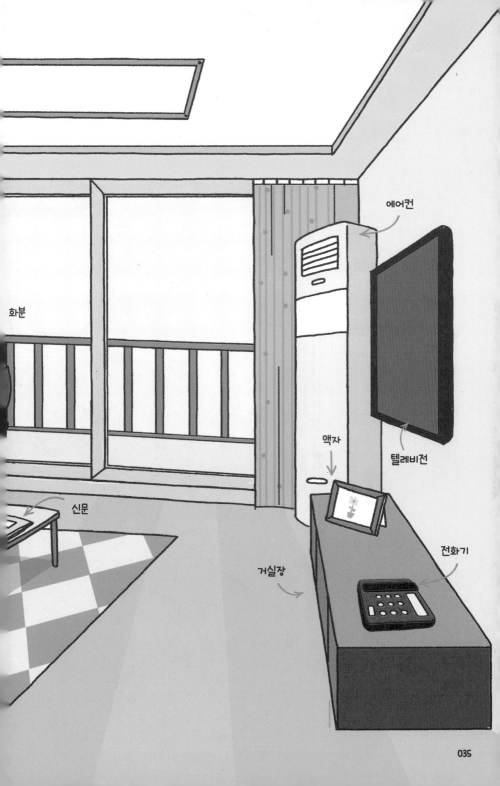

화분

에어컨

텔레비전

액자

신문

거실장

전화기

주방

1 식탁   8 행주
2 식탁 의자   9 고무장갑
3 커피포트   10 접시
4 컵   11 그릇
5 냉장고   12 주방 세제
6 전자레인지   13 도마
7 정수기   14 주방 도구

전자레인지

주방 도구

냉장고

접시

그릇

도마

주방 세제

정수기

커피포트

고무장갑

행주

컵

식탁

식탁 의자

화장실

1 욕조   10 치약
2 샤워기   11 칫솔
3 비누   12 세면대
4 샴푸   13 변기
5 드라이기   14 청소 도구
6 빗   15 슬리퍼
7 수건   16 휴지
8 세숫대야   17 휴지통
9 목욕용품

목욕용품

샤워기

샴푸

비누

욕조

세숫대야

칫솔

치약

세면대

빗

드라이기

수건

휴지

변기

청소도구

휴지통

슬리퍼

039

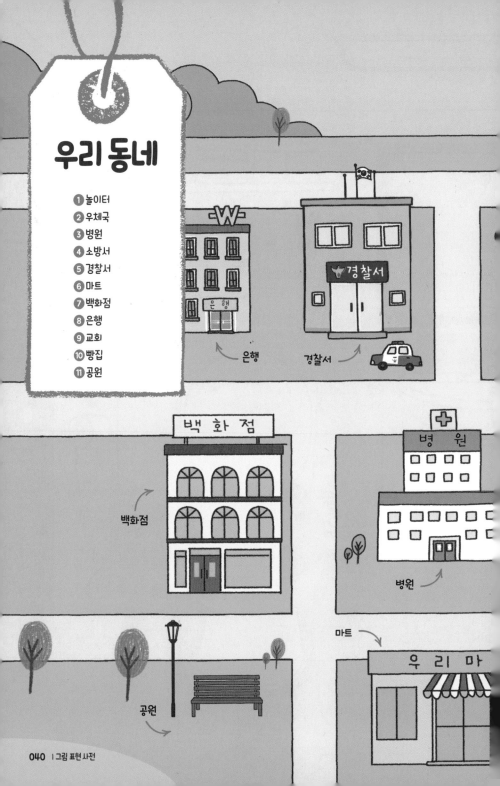

우리 동네

경찰서

은행

경찰서

백화점

백화점

병원

병원

마트

우리 마

공원

초등학교

교회

놀이터

우체국

아파트

빵집

소방서

041

학교생활

시간표

책가방

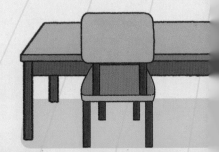

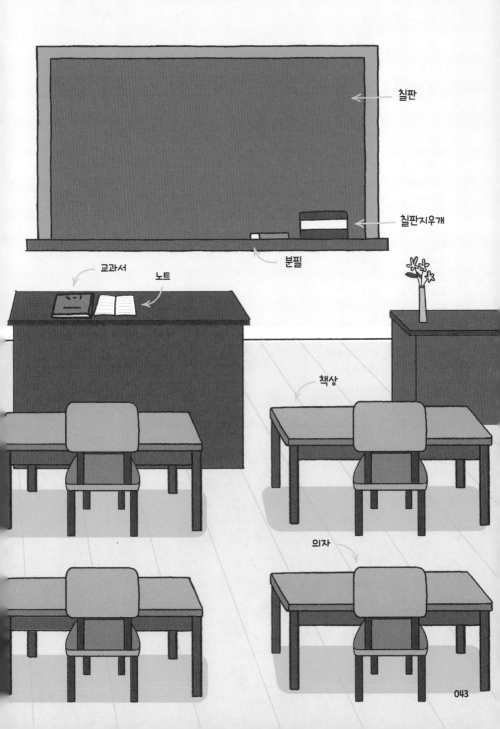

여가 활동

마법의 성

회전목마

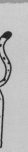

범퍼카

호랑이

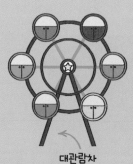

대관람차

사자

치타

곰

여우

판다

코끼리

하마

기린

얼룩말

악어

사슴

앵무새

공작새

타조

딱따구리

젖소

양

돼지

염소

펭귄

물개

바다표범

돌고래

티라노사우루스

트리케라톱스

브라키오사우루스

프테라노돈

045

취미생활

바이올린

기타

피아노

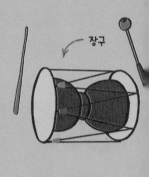

장구

꽹과리

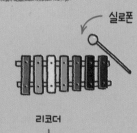

실로폰

멜로디언

소고

하모니카

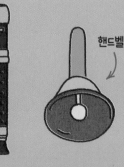

리코더

핸드벨

탬버린

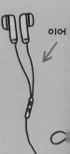

이어

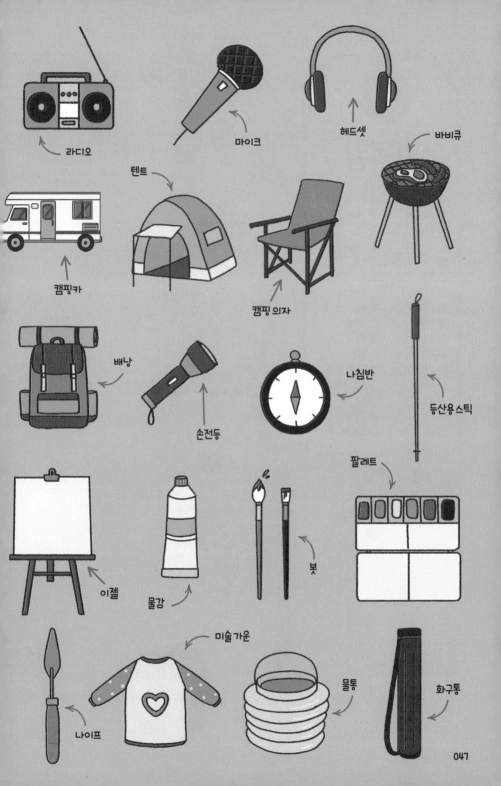

라디오

마이크

헤드셋

바비큐

텐트

캠핑카

캠핑 의자

배낭

손전등

나침반

등산용 스틱

팔레트

이젤

물감

붓

미술가운

물통

화구통

나이프

047

기념일

남자 한복

여자 한복

팽이

복주머니

떡국

제기

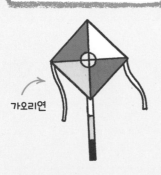

가오리연

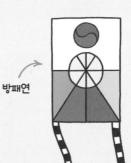

방패연

고깔모자

케이크

촛불

선물

요술봉

로봇

요요

곰인형

리본

카네이션 브로치

카네이션

바구니

호박

마녀 모자

막대 사탕

박쥐

산타클로스

루돌프

썰매

지팡이 장식

크리스마스트리

종

양말 장식

포인세티아

운동

1. 배드민턴라켓
2. 셔틀콕
3. 테니스라켓
4. 네트
5. 축구복
6. 축구화
7. 축구공
8. 축구골대
9. 야구방망이
10. 야구공
11. 글러브
12. 야구모자
13. 농구공
14. 농구골대
15. 농구복
16. 스톱워치
17. 헤드기어
18. 태권도복
19. 태극기
20. 보호대
21. 탁구
22. 볼링
23. 복싱
24. 골프
25. 스케이트보드
26. 인라인스케이트
27. 안전모
28. 무릎보호대
29. 줄넘기
30. 훌라후프
31. 역기
32. 아령

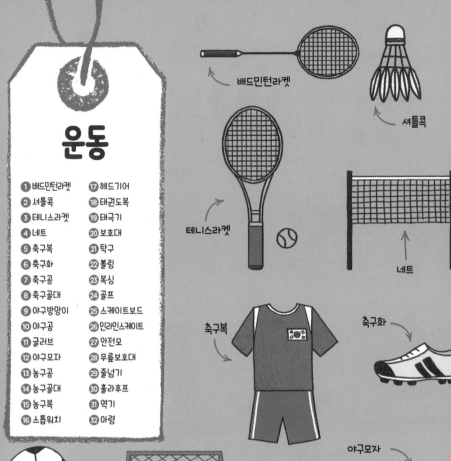

배드민턴라켓

셔틀콕

테니스라켓

네트

축구복

축구화

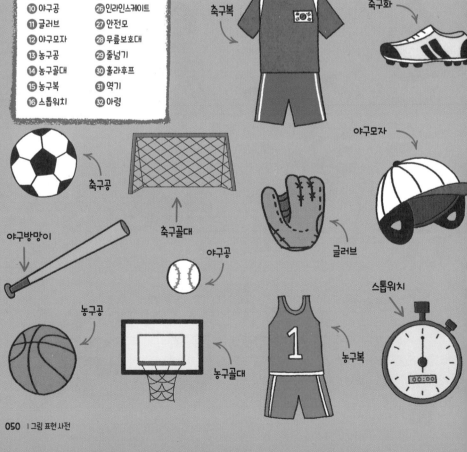

축구공

축구골대

야구방망이

야구공

글러브

야구모자

농구공

농구골대

농구복

스톱워치

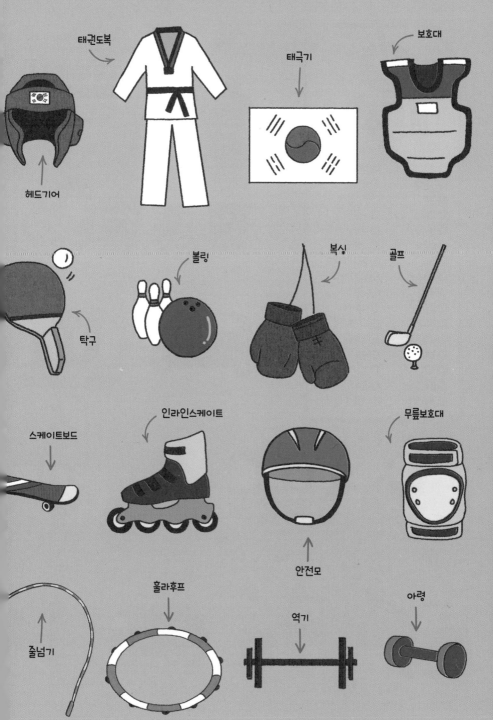

태권도복

태극기

보호대

헤드기어

볼링

복싱

골프

탁구

스케이트보드

인라인스케이트

무릎보호대

안전모

줄넘기

훌라후프

역기

아령

교통수단

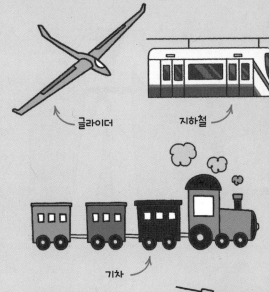

글라이더

지하철

기차

경차

케이블카

승용차

버스

스포츠카

택시

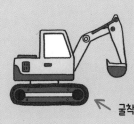

굴착기

불도저

덤프트럭

트럭믹서

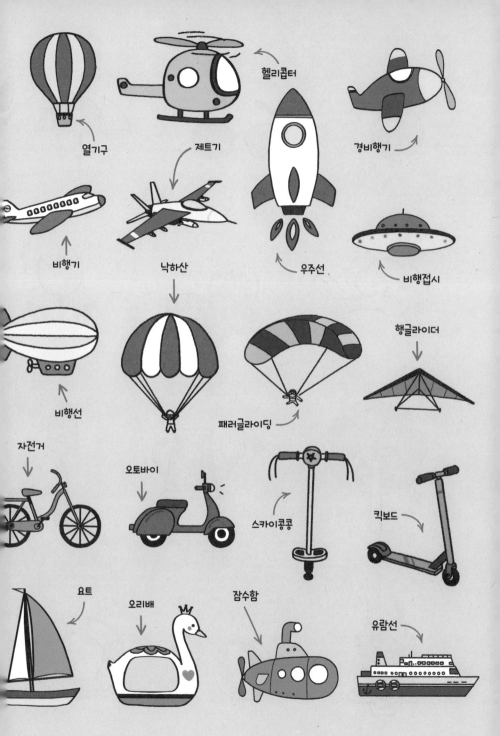

열기구

헬리콥터

제트기

경비행기

비행기

낙하산

우주선

비행접시

비행선

행글라이더

패러글라이딩

자전거

오토바이

스카이콩콩

킥보드

요트

오리배

잠수함

유람선

PART **1**
날씨와 계절

월 일 요일 날씨 ☀️ ☁️ ☂️ ❄️

내 기분도 맑은 날

오늘은 방과 후에 친구들과 축구를 했다. 며칠 전부터 비가 계속

내려서 밖에서 놀 수 없어 너무 심심했다.

그런데 오늘 아침에 일어나 보니 햇빛이 쨍쨍해서 날아갈 듯이

기뻤다. 날씨가 좋다는 게 이렇게 고마운 거였구나!

해

 모자

 선글라스

월 일 요일 날씨 ☀️ ☁️ ☂️ ❄️

반가운 비

오늘은 비가 내리는 게 반가웠다. 왜냐하면 엄마가 예쁜 우비와

장화를 새로 사 주셨기 때문이다. 하교 길에 친구들과 일부러 물이

고여 있는 곳을 찾아 첨벙첨벙 물장난하며 걸어왔다. 새 우비와

장화 덕분에 하나도 젖지 않았다.

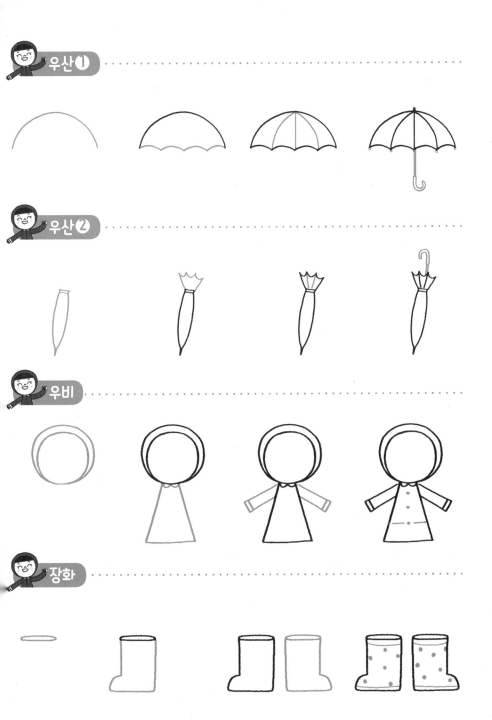

우산①

우산❷

우비

장화

월 일 요일 날씨 ☀ ☁ ☂ ❄

미세먼지 많은 날

바람개비는 바람이 많이 불어야 잘 돌아가는데 오늘이 딱 좋은

날이었다. 그런데 미세먼지가 많아서 엄마가 마스크를 쓰지

않으면 밖에 나갈 수 없다고 하시는 게 아닌가! 미세먼지 없는

곳에서 살고 싶다! 마스크 쓰는 거 귀찮아. ㅜㅜ

바람

 번개

 마스크

 바람개비

월 일 요일 날씨 ☀ ☁ ☂ ❄

꽃구경 간 날

우리 가족은 이번 주말에 꽃구경을 갔다. 예쁜 꽃들을 보고 있으니

저절로 기분이 좋아졌다. 여기저기서 꽃을 배경으로 사진 찍는

사람들이 많았는데, 모두들 표정이 밝았다. 꽃은 사람의 마음을

밝게 만드는 놀라운 힘이 있는 것 같다.

 진달래

틀립

목련

팬지

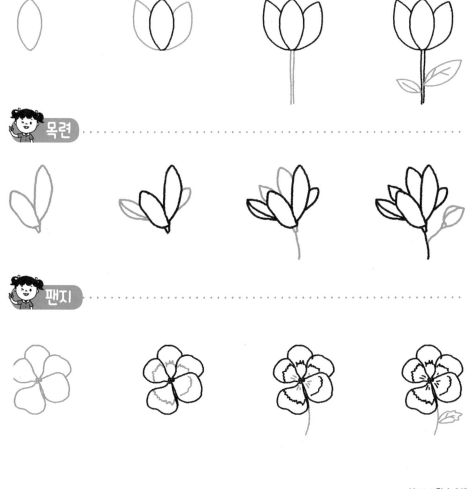

나팔꽃 ·

 민들레 ·

 유채꽃 ·

 무궁화 ·

연꽃

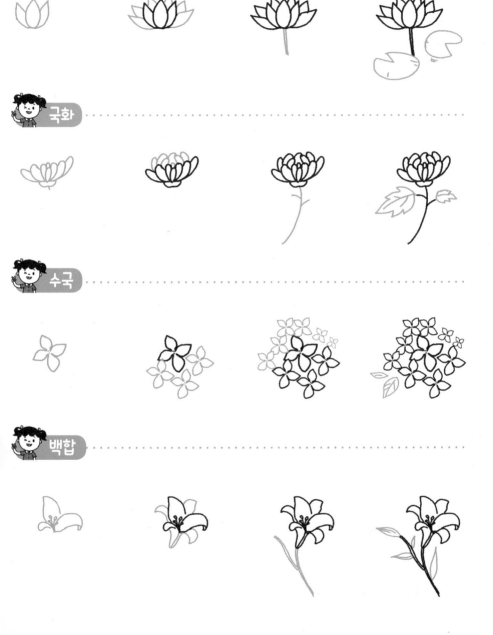

국화

수국

백합

월 일 요일 날씨 ☀️ ☁️ ☂️ ❄️

개구리가 깨어났어요

아빠와 함께 뒷산에 올라갔다. 한참을 올라가니 계곡이 보였고,

근처에서 개구리를 발견했다. 아빠가 겨울잠에서 깨어난 거라고

말씀해 주셨다. 겨울 동안 잠을 자다가 봄이 되면 어떻게 알고 깨어나는

걸까? 계절의 변화가 새삼 신기했다.

개구리

 나비 ❶

 나비 ❷

 벌

 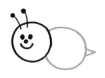  

월 일 요일 날씨 ☀ ☁ ☂ ❄

나무를 심어요

오늘은 식목일, 나무를 심는 날이다. 아빠와 함께 뒷산에 올라

땅을 파고 작은 나무를 심었다. 이렇게 작은 나무가 내 키보다

훨씬 큰 나무가 된다는 것이 신기했다.

나무야, 무럭무럭 잘 자라렴!

나무❶

 나무❷

 물뿌리개

  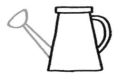 

 원예도구

월 일 요일 날씨 ☀️ ☁️ ☂️ ❄️

바다가 좋아

바다는 정말 신 나는 곳이다. 수영도 할 수 있고, 모래성도 쌓을 수 있고, 꽃게와 소라, 조개도 잔뜩 주울 수 있으니 말이다. 집에서 챙겨 간 모래놀이 도구를 이용해 멋진 성을 완성하였다. 모래놀이는 아무리 오래 해도 지겹지 않다.

 모래성

 모래놀이 통

파라솔

비치볼

 원피스 수영복

 비키니 수영복

 남자 수영복

 물안경

꽃게

 소라

 조개

 튜브

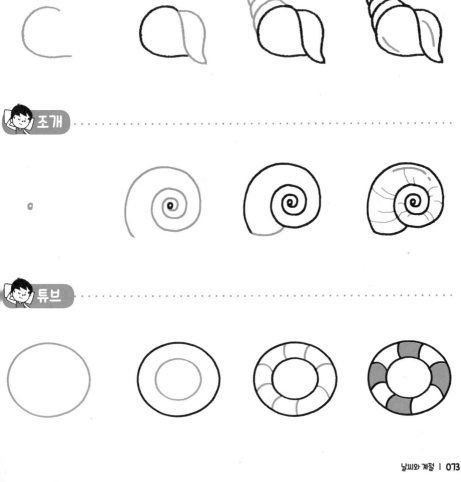

월 일 요일 날씨

열대야 싫어

새벽에 너무 더워서 한숨도 못 잤다. 밤에도 25도가 넘는

열대야가 며칠 동안 계속되고 있다. 게다가 모기까지 나의 잠을

방해하다니! 선풍기야, 오늘 밤을 부탁해!

오늘은 부디 꿀잠을 잘 수 있기를 바라 본다.

선풍기

 에어컨

 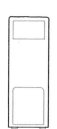  

 부채

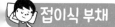 접이식 부채

모기!

모기!약

모기!향

모기!채

월 일 요일 날씨 ☀ ☁ ☂ ❄

맛있는 수박

내가 제일 좋아하는 과일은 바로 수박이다. 달콤하고 아삭하면서도

더울 때 수박을 먹으면 금세 시원해지기 때문이다. 엄마는 수박

먹기 대회가 있다면 내가 1등을 할 거라고 했다. 오늘도 너무 많이

먹어서인지 배가 수박만큼 불룩해졌다.

수박❶

 수박❷

 복숭아

 참외

 **콘아이스크림**

 막대아이스크림

 컵아이스크림

 팥빙수

월 일 요일 날씨 ☀ ☁ ☂ ❄

단풍 구경에서 만난 다람쥐

우리 가족은 단풍 구경을 하러 갔다. 울긋불긋한 단풍잎과 은행잎이

아름다워 감탄이 절로 나왔다. 낙엽을 밟을 때 바스락거리는 소리도

재미있었다. 오늘의 하이라이트는 바로 다람쥐를 만난 것! 어쩜 그렇게

나무를 잘 타는지 순식간에 모습을 감추어 조금 아쉬웠다.

다람쥐 ·

 도토리 ·

 밤송이 ·

 솔방울 ·

 코스모스

 해바라기

 단풍잎

 은행잎

감

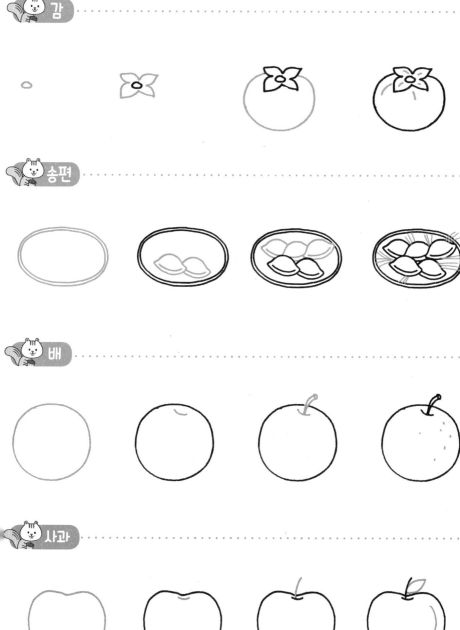

송편

배

사과

월 일 요일 날씨 ☀️ ☁️ ☂️ ❄️

허수아비 아저씨

시골 할아버지 댁에 놀러 왔다. 할아버지 집 가는 길에 동화책에서만

보던 허수아비를 보았다. 무섭게 생겼을 거라 생각했는데, 의외로

귀엽게 보여서 참새들이 만만하게 보지 않을까 하는 걱정이 들었다.

허수아비 아저씨! 벼들을 잘 부탁해요!

 밀짚모자

 허수아비

 벼

 참새

월 일 요일 날씨 ☀ ☁ ☂ ❄

내가 만든 눈사람

지난밤 눈이 많이 내려 온 세상이 하얀 나라가 되었다. 이런 날에는

눈사람을 만들어 줘야지! 눈을 계속 굴려서 내 키만큼 커다란 눈사람을

만들었다. 집에 들어갈 때 눈사람을 놔두고 가기가 아쉬웠다. 누가

망가뜨리면 어떡하지? 내일 아침 일찍 나가 봐야겠다.

 눈사람

 눈

털모자

장갑

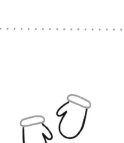  

날씨와 계절 | 087

월 일 요일 날씨 ☀️ ☁️ ☂️ ❄️

신 나는 썰매 타기

집 앞 공원에 오르막길이 있는데 눈이 오면 그곳은 눈썰매장으로

변신한다. 오늘도 역시 벌써 많은 아이들이 신 나게 썰매를 타고

있었다. 나도 오르락내리락 수십 번을 탄 것 같다. 내려올 때의 그

기분은 정말 말로 표현하기 힘들 정도로 짜릿하다.

 겨울 점퍼

 썰매

 스케이트

 나무 썰매

맛있는 붕어빵

엄마가 간식으로 붕어빵을 주셨다. 우아! 맛있겠다! 보기만 해도

침이 꼴깍 넘어갔다. 겨울에는 특히 맛있는 간식들이 많다. 호떡,

호빵, 군고구마까지! 나는 앉은 자리에서 붕어빵을 순식간에 3개나

먹어 치웠다. 역시 붕어빵은 겨울에 먹어야 제맛이지!

붕어빵

호떡

호빵

군고구마

월 일 요일 날씨 ☀️ ☁️ ☂️ ❄️

김장하는 날

날씨가 추워지면서 곧 김장하겠구나 생각했는데 오늘이

그날이었다. 할머니와 이모들 모두 모여 다함께 김장을 했다. 나는

도와준다며 옆에 앉아, 김치 속은 안 넣고 내 입으로 넣느라 바빴다.

엄마는 힘드시겠지만, 나는 김장하는 날이 좋다. 히히

무

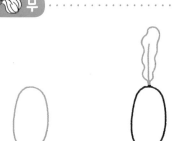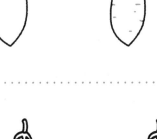

고추

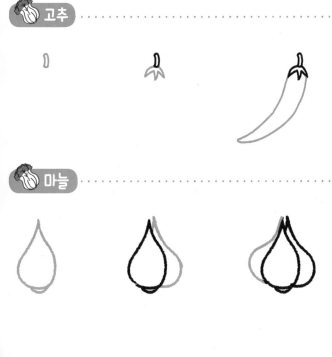

마늘

PART **2**
나와 가족

월 ___ 일 ___ 요일 ___ 날씨 ☀ ☁ ☂ ❄

백점 받은 날

오늘 받아쓰기 시험에서 100점을 받았다.

야호! 엄마가 시험을 잘 보면 이번 주말에 놀이공원에 데려가

주시기로 약속했는데! 얼른 주말이 왔으면 좋겠다! 주말에 비가 안

오길 기도하고 자야겠다.

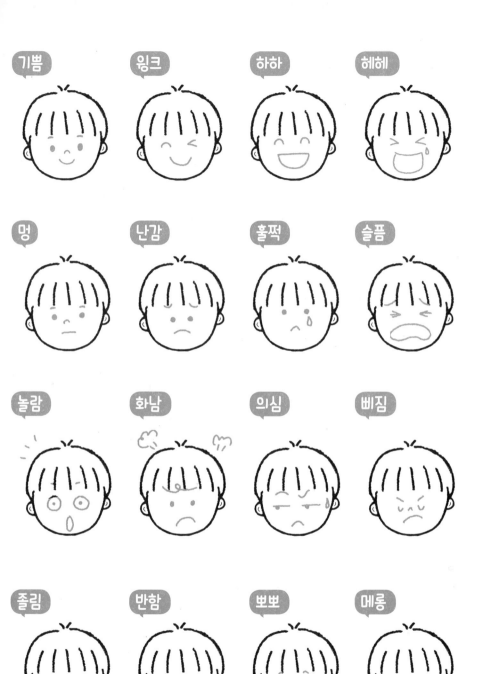

기쁨 윙크 하하 헤헤

멍 난감 훌쩍 슬픔

놀람 화남 의심 삐짐

졸림 반함 뽀뽀 메롱

월 일 요일 날씨 ☀️ ☁️ ☂️ ❄️

처음 파마한 날

서윤이가 파마를 하고 학교에 왔는데 예뻐 보였다. 그래서 나도

엄마를 졸라서 파마하러 미용실에 갔다. 생각보다 오래 걸려

파마하는 시간이 힘들고 지루했지만 예뻐진 내 머리를 보니 기분은

좋았다. 내일 학교 가면 친구들이 깜짝 놀라겠지!

 **남자 머리**

 여자 머리

월 일 요일 날씨 ☀️ ☁️ ☂️ ❄️

할아버지 생신 선물

내일이 할아버지 생신이셔서 그동안 모은 용돈으로 선물을 사고,

예쁘게 포장한 후 카드도 썼다. 할아버지가 받고 좋아하셔야 할

텐데! 할아버지는 나를 '우리 강아지'라고 부르며 무척 예뻐해

주신다. 할아버지! 앞으로도 건강하게 오래오래 사세요! 사랑해요!

 할아버지 ·

 안경 ·

 중절모 ·

 지팡이 ·

월 일 요일 날씨

우리 할머니 최고

우리 할머니는 정말 마술사 같다. 털실로 며칠 동안 열심히

뜨개질하시더니 내 옷을 뚝딱 만들어 주신 것이다! 그것도 내가

제일 좋아하는 색으로 몸에 꼭 맞는 스웨터를 짜 주셨다. 맛있는 간식도

만들어 주시고, 항상 내 편이 되어 주시는 우리 할머니 최고다!

할머니 ·

 가방 ·

 동전 지갑 ·

 뜨개실 ·

월 일 요일 날씨 ☀️ ☁️ ☂️ ❄️

우리 아빠는 슈퍼맨

우리 아빠는 힘이 정말 세다. 나를 한 번에 하늘 높이 번쩍

올리기도 하고, 마트에서 장을 보면 무거운 것도 번쩍번쩍 든다.

시금치를 많이 드셔서 그런 걸까? 나도 밥 많이 먹고, 운동도

열심히 해서 하루빨리 아빠처럼 됐으면 좋겠다.

슈퍼맨

양복

구두

서류 가방

 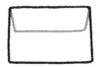 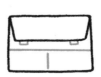

월 일 요일 날씨

우리 엄마

오늘은 학부모 총회가 있어서 엄마가 학교에 왔다. 집에서 보던

엄마를 학교에서 보니 더욱 반가웠고, 새삼 엄마가 예쁘다고

느꼈다. 물론 나를 혼내거나 야단칠 때 무서운 호랑이 같기도

하지만…. 나는 이 세상에서 우리 엄마가 제일 예쁘고, 제일 좋다!

엄마

 화장품

 구두

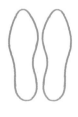   

 향수

월 일 요일 날씨

형과 싸운 날

형이 드론을 하고 있길래, 한 번 해 보고 싶다고 옆에서 졸랐다.

하지만 형은 나중에 하라며 계속 혼자만 하는 것이 아닌가!

내 물건은 마음대로 쓰면서 자기 것은 안 빌려 주고 형 미워! 결국 형과

말다툼하였고, 우린 엄마한테 혼나서 벌을 받아야 했다. ㅜㅜ

형 ·

 동생 ·

드론 ·

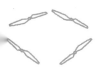 

리모컨 ·

월 일 요일 날씨 ☀ ☁ ☂ ❄

거울 공주 우리 언니

대학생인 우리 언니는 매일 학교에 갈 때 밥 먹는 것보다 거울

앞에 있는 시간이 더 길다. 보고 또 보고, 이 옷 입고 보고, 저 옷

입고 보고, 거울 앞에서 이런저런 포즈를 취하며 서 있는 것을 보니

지각하지는 않을까 걱정된다. 거울 공주 우리 언니는 정말 못 말려!

언니

 구두

 머리띠

 거울

월 일 요일 날씨

귀여운 내 동생

우리 집 귀염둥이 내 동생은 이제 두 살이다. 막 울다가도 젖병만 보면

울음을 딱 그치는 엄청난 먹보이기도 하다. 웃을 때는 천사 같은데 울 때는

귀를 막아야 할 정도로 시끄럽다. 때론 나를 귀찮게 하지만 그래도 나를

보고 방긋방긋 웃어 주는 귀여운 동생이 있어서 참 좋다.

아기

 우유병

 딸랑이

 모빌

 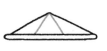  

유모차

 우주복

 기저귀

 공갈젖꼭지

턱받이

 빨대컵

 보행기

 흔들말

월 일 요일 날씨 ☀️ ☁️ ☂️ ❄️

우리 집 강아지

우리 집 막둥이는 바로 흰둥이다. 3년 전에 우리 가족이 되었는데,

흰둥이는 식구 중에 나를 제일로 좋아한다. 내가 매일 산책도

시켜 주고, 밥도 챙겨 줘서 그런가 보다. 내가 학교에서 돌아오면

반갑다고 꼬리를 흔들며 뛰어 오는 귀염둥이다.

 강아지 **1**

 강아지 **2**

 강아지집

 간식통

나와 가족 | 117

고양이 ·······························

 토끼 ·······························

 햄스터 ·······························

 달팽이 ·······························

고슴도치

 **장수풍뎅이**

   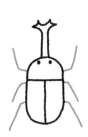

 **사슴벌레**

   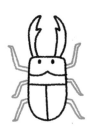

 뱀

PART 3
우리집

월 일 요일 날씨 ☀ ☁ ☂ ❄

내 방이 생긴 날

오늘 드디어 내 방이 생겼다.

앞으로 내 방을 예쁘게 꾸미고, 깨끗이 청소해야겠다.

오늘 밤은 왠지 새로운 침대에서 잠이 솔솔 잘 올 것 같다.

내일 학교 가서 친구들한테 자랑해야지!

침대

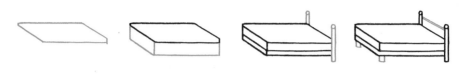

 베개

 커튼

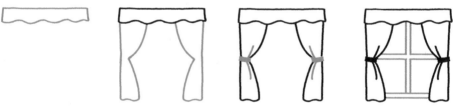

 블라인드

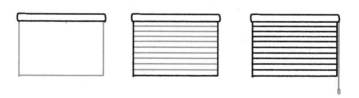

월 일 요일 날씨

시험 공부

내일은 받아쓰기 시험을 보는 날이다.

아빠는 내가 시험을 잘 보면 주말에 워터파크를 데려가 주시기로

약속했다. 연필을 깎아 필통에 넣으며, 내일 꼭 100점 맞으리라

다짐했다. 자, 이제 받아쓰기 공부 시작해 볼까~!

책상

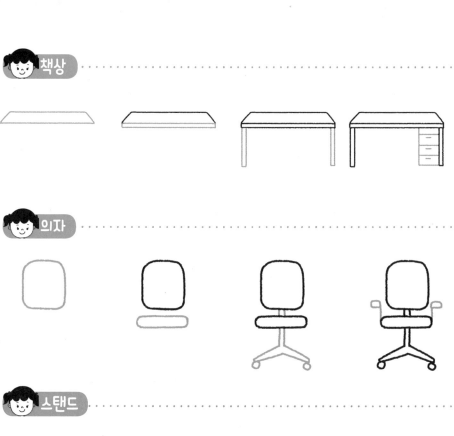

 의자

 스탠드

 연필깎이

월 일 요일 날씨

컴퓨터는 또 다른 세상

오늘 학교에서 컴퓨터를 배웠는데 진짜 재미있었다.

포털에 아이디도 만들고, 친구들에게 이메일도 보냈다. 컴퓨터를

하고 있으면 또 다른 세상이 펼쳐지는 것 같다.

컴퓨터는 정말 최고의 발명품이다.

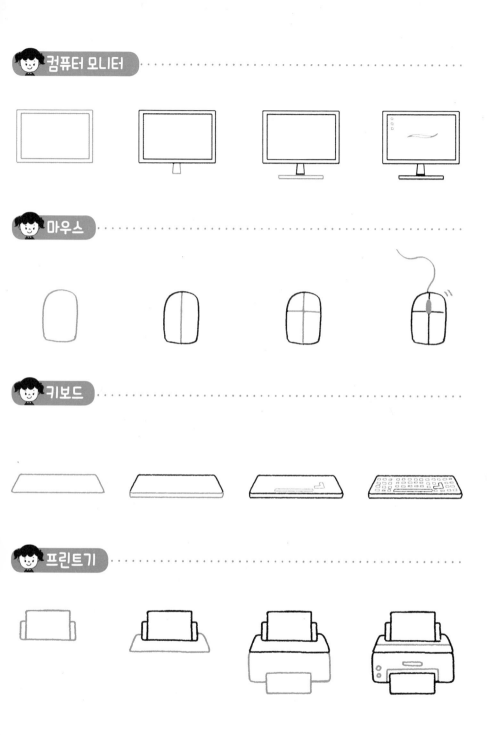

마우스

키보드

프린트기

월 일 요일 날씨 ☀ ☁ ☂ ❄

지각한 날

오늘 늦잠을 자는 바람에 학교에 지각했다. 엄마에게 왜 깨워

주지 않았냐며 툴툴거리며 학교에 간 게 하루 종일 마음에 걸렸다.

앞으로는 일찍 잠자리에 들고, 알람시계에 알람도 잘 맞춰 놓고

스스로 잘 일어나리라 마음먹었다.

알람시계

 전자시계

 수면등

 달력

월 일 요일 날씨 ☀ ☁ ☂ ❄

대청소한 날

오늘은 우리 가족 다함께 대청소를 했다. 엄마는 안방,

아빠는 화장실, 나는 거실을 맡았다. 청소기를 돌리고,

바닥과 가구 위에 먼지를 구석구석 닦았다. 청소할 때는

힘들었지만 깨끗해진 집을 보니 기분이 상쾌해졌다.

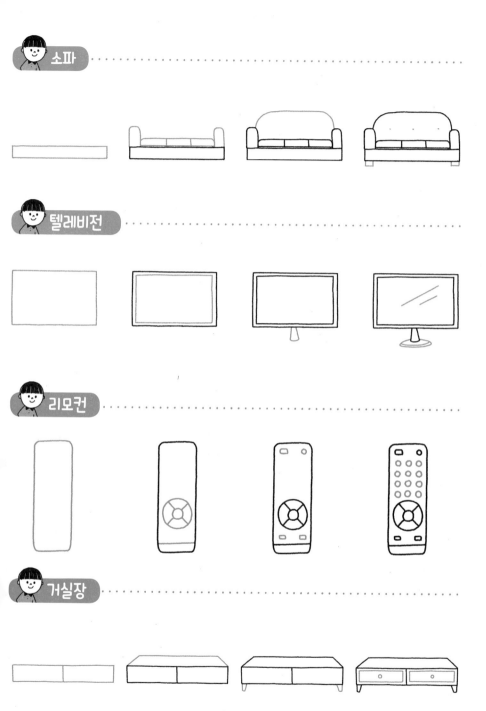

소파

텔레비전

리모컨

거실장

 스텐드 ·

 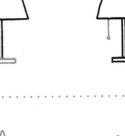

 화분 ·

 테이블 ·

 꽃병 ·

실내화

 전화기

 휴대전화

 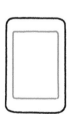  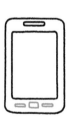

 액자

  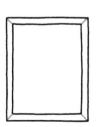 

청소기

 공기청정기

 가습기

 스팀청소기

 쓰레받기

 빗자루

 분무기

 각티슈

우리 집 | 135

월 일 요일 날씨 ☀️ ☁️ ☂️ ❄️

아침 식사

우리 엄마는 아침 식사를 중요하게 생각한다. 자고 일어나면

입맛이 없어 밥을 먹기 싫은데, 꼭 먹으라고 하신다. 그래서 오늘은

밥 대신 시리얼에 우유를 말아서 먹었다. 먹고 나니 배도 든든하고

기운이 나는 듯해서 역시 엄마 말을 듣길 잘한 것 같다.

시리얼

  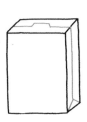 

 우유

 딸기잼

 식빵

월 일 요일 날씨 ☀ ☁ ☂ ❄

신기한 주방 기기들

내가 제일 좋아하는 주스는 바로 사과주스다! 믹서기에 사과와

요구르트를 넣고 돌리면 끝이다. 부엌에는 신기한 주방 기기들이

참 많은 것 같다. 전기밥솥, 토스트기, 전자레인지 등등…. 짧은

시간에 뭐든 뚝딱 해내니 말이다.

전기밥솥

 커피포트

 주전자

 믹서기

 토스트기

  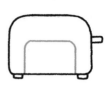 

 전자레인지

 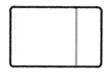 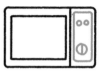

 커피메이커

 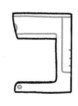  

 핸드블렌더

가스레인지

 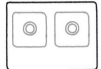 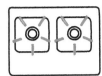 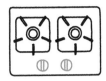

 인덕션

 정수기

 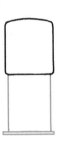 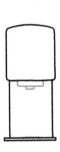 

 냉장고

  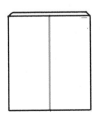 

월 일 요일 날씨 ☀️ ☁️ ☂️ ❄️

엄마를 도와요

저녁을 먹은 후 내가 설거지를 했다. 설거지를 하고 나니

엄마는 잘했다며 칭찬해 주시고, 아빠는 용돈을 주셨다.

덩달아 내 기분도 좋고 이거야말로 일석이조네!

앞으로도 부모님을 자주 도와드려야겠다.

고무장갑

 주방 세제

 수세미

 행주

우리 집 | **143**

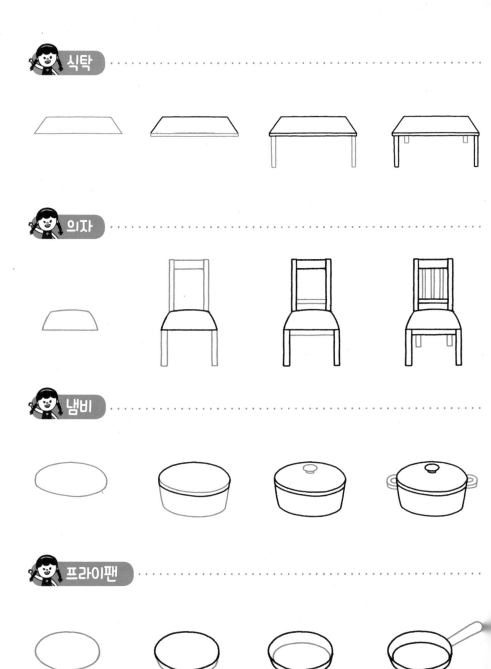

식탁

의자

냄비

프라이팬

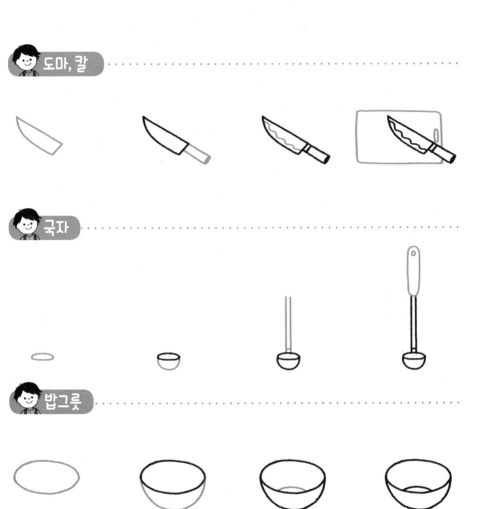

도마, 칼

국자

밥그릇

숟가락

포크

찻잔

유리컵

머그컵

월 일 요일 날씨 ☀️ ☁️ ☂️ ❄️

맛있는 쿠키 만들기

엄마와 함께 집에서 쿠키를 만들었다. 조물조물 반죽을 하고,

밀대로 평평하게 만든 후 곰돌이, 하트, 별 모양 틀로

찍어 만들었다. 내가 만들어서인지 더욱 맛있었다.

내일 학교에 가져가서 친구들과 나눠 먹어야겠다!

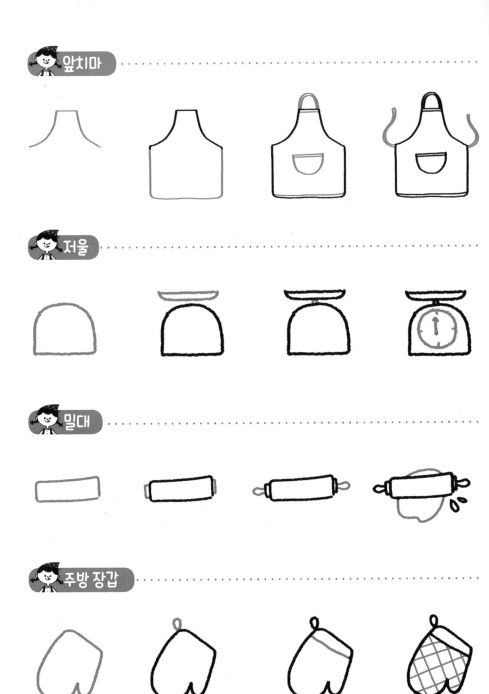

앞치마

저울

밀대

주방 장갑

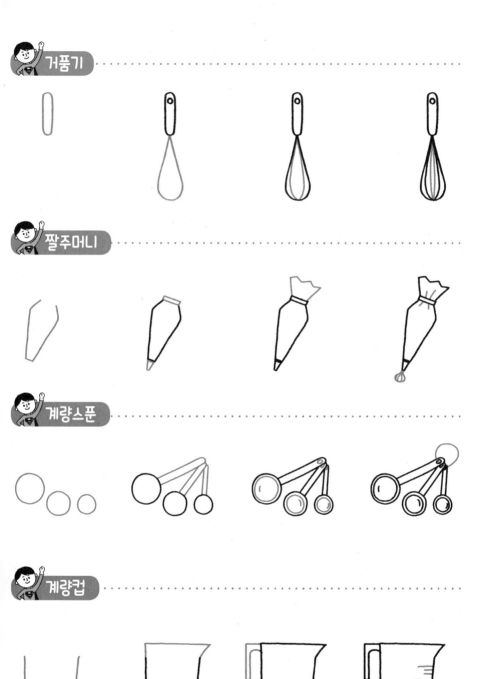

거품기

짤주머니

계량스푼

계량컵

월 일 요일 날씨

신 나는 거품 목욕

거품 목욕은 내가 제일 좋아하는 시간이다.

미끌미끌 비누 거품으로 수염을 만들어 산타할아버지로도

변신하고, 하얀 눈도 만들고, 입으로 후후 불며 날릴 수도 있다. 놀다

보면 손가락에 쭈글쭈글 주름이 생기는 것도 재미있다.

욕조

샤워기

비누

샴푸

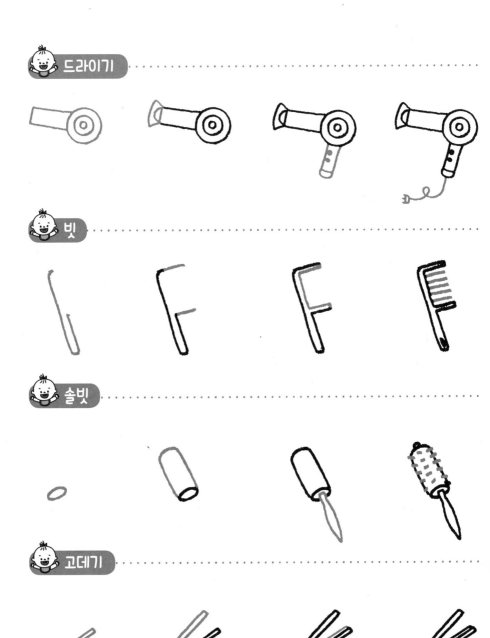

드라이기

빗

솔빗

고데기

 샤워타올

세숫대야

헤어젤

 목욕용품

월 일 요일 날씨 ☀️ ☁️ ☂️ ❄️

이 잘 닦기

오늘 치과를 가서 충치 치료를 했다. 너무 아프고 무서워서 그동안

양치질을 소홀한 게 후회되었다. 앞으로는 이가 썩지 않도록

사탕이나 초콜릿도 덜 먹고, 양치질도 열심히 할 것이다. 치과

다시는 가고 싶지 않아! ㅜㅜ

치약

 칫솔

 양치모래시계

 칫솔꽂이

월 일 요일 날씨 ☀ ☁ ☂ ❄

화장실 청소

우리 집은 화장실 청소를 돌아가면서 맡는다. 오늘은 내가 화장실을

청소하는 날이었는데, 청소하다가 물이 튀는 바람에 옷이 다 젖어

버렸다. 하지만 물놀이하는 기분이 들어 하나도 힘들지 않았다.

아하, 다음엔 수영복을 입고 청소할까?

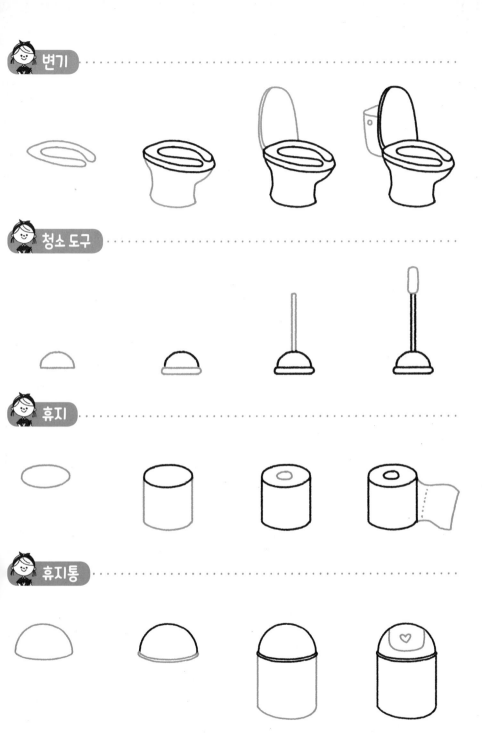

변기

청소 도구

휴지

휴지통

월 일 요일 날씨 ☀ ☁ ☂ ❄

깨끗해진 빨래

날씨가 좋은 날에 엄마는 항상 빨래를 하신다.

나는 엄마를 도와 빨랫줄에 빨래를 탈탈 털어 널었다.

다 넌 후 깨끗해진 빨래를 보고 있으니 내 기분도 상쾌해졌다.

빨래~ 끝~!!

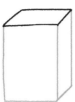

빨래판

옷걸이·빨래집게

빨래 건조대

PART 4
우리 동네

우리 동네 1
놀이터

월 일 요일 날씨 ☀ ☁ ☂ ❄

신 나는 놀이터

놀이터에서 그네를 타려면 항상 줄을 서서 기다려야 한다.

그런데 오늘은 사람이 없어서 오랫동안 실컷 탈 수 있었다.

하늘에 닿을 만큼 높이 타면 바람도 시원하고, 멀리 볼 수도 있어서

그네 타는 게 제일 재밌다.

그네 ·

 미끄럼틀 ·

  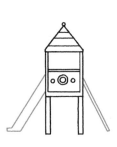

 시소 ·

 스프링 오리 ·

월 일 요일 날씨 ☀️ ☁️ ☂️ ❄️

편지가 왔어요

오늘 이사 간 친구에게서 편지가 왔다.

너무 보고 싶었는데 편지로 소식을 들으니 더욱 반가웠다.

나는 바로 답장을 써서 우체국으로 갔다. 영상 통화로

소식을 전할 수도 있지만 편지는 또 다른 설레임을 주는 것 같다.

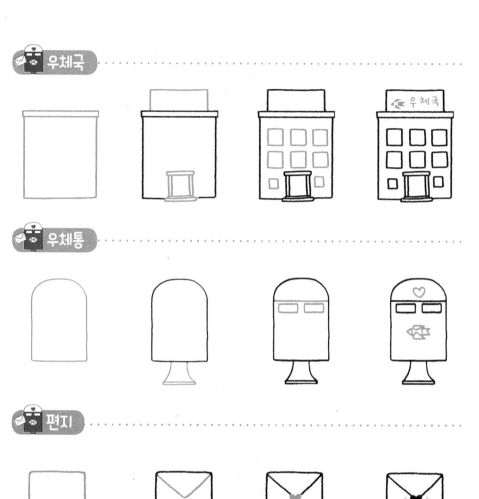

우체국

우체통

편지

편지함

우표 ·

 우체국 마크 ·

 우체부 모자 ·

 우체부 가방 ·

   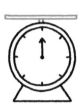

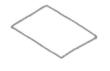  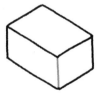 

월 일 요일 날씨 ☀️ ☁️ ☂️ ❄️

주사는 무서워

친구들과 병원 놀이를 할 때는 주사 놓는 게 재밌는데,

실제로 병원에서 주사 맞을 때는 너무 무섭다. 아프지 않은 주사는

없을까? 주사 대신 약으로 먹으면 안 될까? 오늘 감기 때문에 병원

가서 주사를 맞았더니 엉덩이가 몹시 아프다.

병원

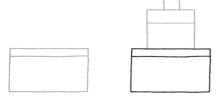  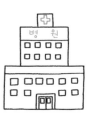

 의사

 간호사

 청진기

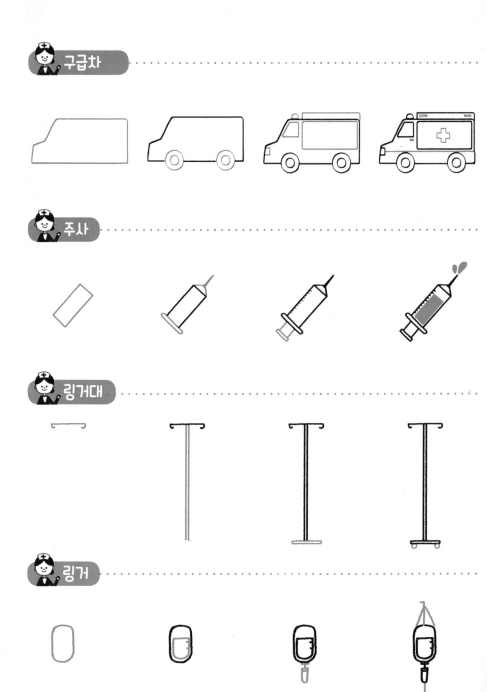

구급차

주사

링거대

링거

휠체어

 목발

 체온계

 얼음주머니

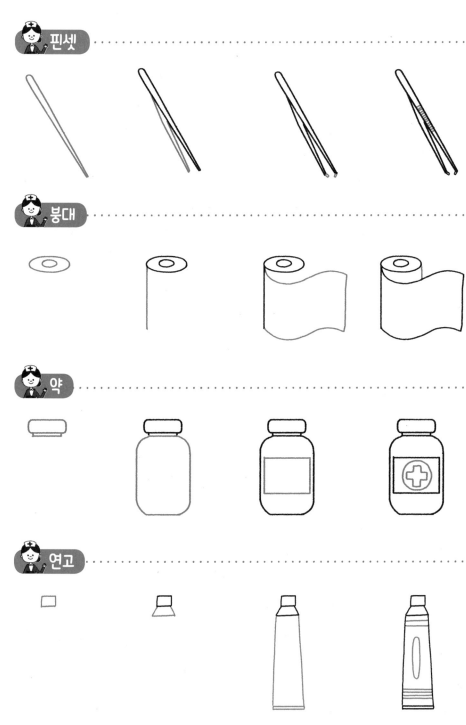

핀셋

붕대

약

연고

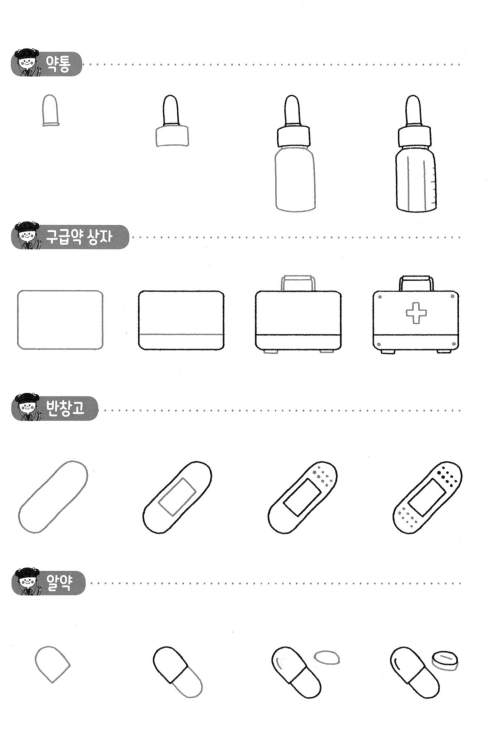

약통

구급약 상자

반창고

알약

월 일 요일 날씨 ☀ ☁ ☂ ❄

소방차 출동

학교에 다녀와서 숙제를 하고 있는데 사이렌 소리가 들렸다. 밖을

내다보니 소방차 3대가 지나가고 있었다. 어디서 불이 난 걸까?

큰 불이 아니어야 할 텐데…. 소방관 아저씨 힘내세요! 항상

위험한 순간에 우리를 지켜 주셔서 감사합니다.

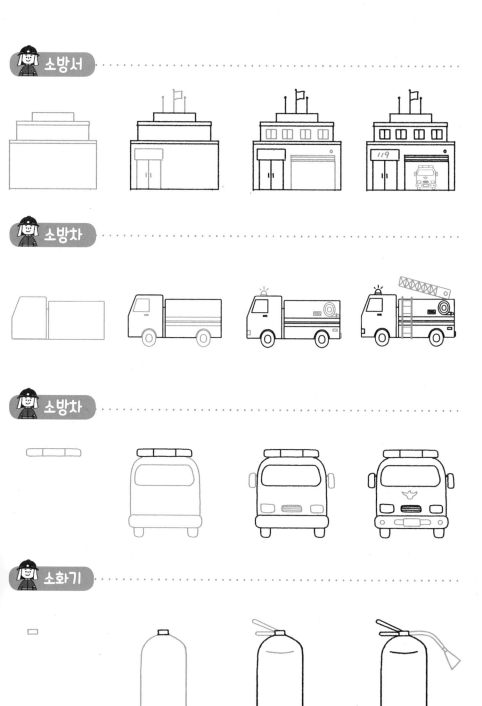

소방서

소방차

소방차

소화기

소방관

 소방 안전모

 소화전

 방연마스크

월 일 요일 날씨 ☀️ ☁️ ☂️ ❄️

내 꿈은 경찰관

우리 학교 앞에는 경찰서가 있다. 학교 끝나고 지나가는데 경찰관

아저씨가 밖에 서 계셨다. 경찰차, 경찰복, 경찰 모자, 경찰봉

전부 너무 멋있었다. 나도 커서 멋진 경찰이 되어 우리나라에 꼭

필요한 사람이 되고 싶다.

경찰서

   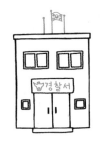

 경찰차

 경찰관

 경찰 마크

 경찰 모자

 수갑

 열쇠

 무전기

호루라기

 방탄복

 총

 경찰봉

월 일 요일 날씨 ☀️ ☁️ ☂️ ❄️

마트 가는 게 좋아

엄마와 함께 장을 보러 마트에 갔다.

더울 때 마트에 가면 시원하고, 시식 코너에서 맛있는 것도 먹을

수 있어서 마트 가는 게 정말 좋다. 마트에서 너무 많이 먹었는지

아직도 배가 부르다. 크크

당근 ·

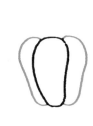 파프리카 ·

 브로콜리 ·

 양배추 ·

양파

 버섯

 완두콩

옥수수

 카트

 바구니

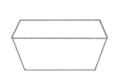 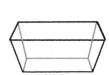  

 장바구니

 계산대

🍎 과자

🍎 음료수(캔)

🍎 음료수(패트병)

🍎 고기

월 일 요일 날씨 ☀ ☁ ☂ ❄

쇼핑은 즐거워

엄마와 함께 이모 결혼식 때 입을 옷과 신발을 사러 백화점에

갔다. 예쁜 게 많아서 어떤 걸 골라야 할지 한참을 고민하다

가장 잘 어울렸던 원피스를 샀다. 아, 빨리 새 옷을 입고 싶은데

일주일이나 기다려야 하다니!!

옷장

 원피스

 티셔츠

 셔츠

반지

 귀걸이

 팔찌

 목걸이

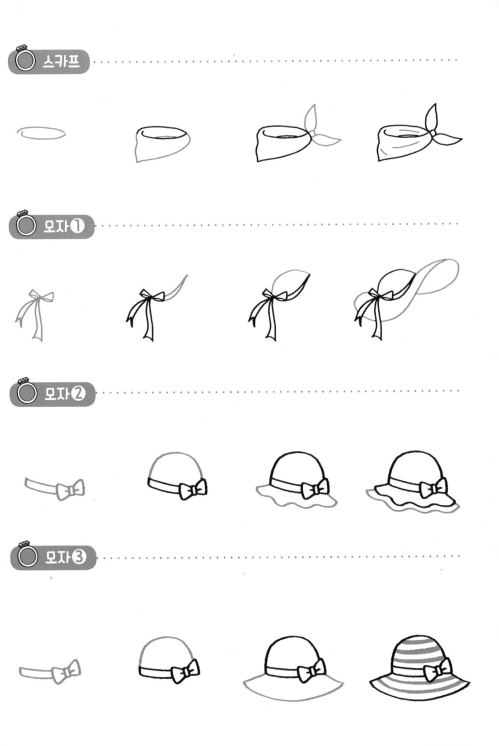

스카프

모자 ❶

모자 ❷

모자 ❸

월 일 요일 날씨 ☀ ☁ ☔ ❄

피자는 맛있어

방학을 맞아 친척 동생이 우리 집에 놀러 왔다.

동생이 피자를 먹고 싶다고 해서 오늘 점심 메뉴로 당첨되었다.

둘이서 피자 한 판을 깨끗이 먹어 치웠다. 다 먹은 후 동생과 실컷

뛰어 놀고, 게임도 하며 즐거운 하루를 보냈다.

 핫도그

 햄버거

 감자튀김

떡볶이

 오뎅

 떡꼬치

 치킨

짜장면

 닭꼬치

 만두

 오므라이스

월 일 요일 날씨 ☀ ☁ ☂ ❄

돼지저금통 안녕

그동안 엄마 아빠 심부름을 하며 받은 동전을 열심히 모아

돼지저금통이 꽉 찼다. 칼로 돼지저금통을 가른 후

은행에 가져가 통장에 넣기로 했다. 살아 있는 돼지는 아니지만

왠지 미안한 마음이 들었다. 미안해 돼지야!

은행

돼지저금통

계산기

통장

월 일 요일 날씨

교회에 가요

오늘은 일요일, 교회 가는 날이다! 친구들도 볼 수 있고,

내가 좋아하는 찬양도 부르고, 재미있는 성경 말씀도

들을 수 있어서 나는 교회 가는 게 항상 즐겁다! 예배 시간에 우리 반이

찬송했는데, 목사님이 잘했다고 칭찬해 주셔서 기분이 좋았다.

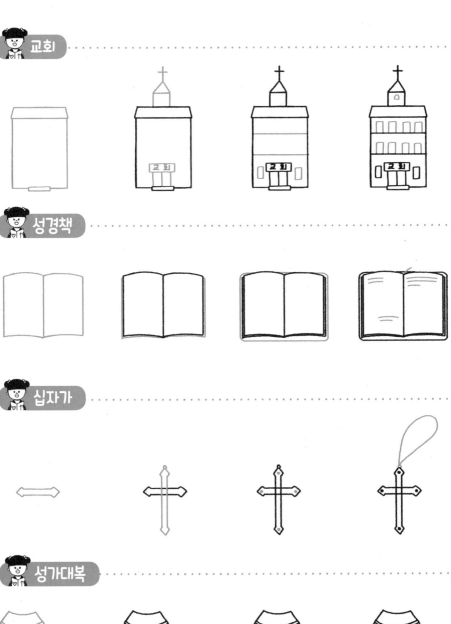

교회

성경책

십자가

성가대복

우리 동네 11
빵집

월 일 요일 날씨 ☀ ☁ ☂ ❄

맛있는 빵

집 근처에 있는 빵집을 지나올 때면 나도 모르게 발걸음이

멈춰진다. 나는 별명이 '빵순이'일 정도로 빵이 무척 좋다. 엄마를

졸라 빵집에서 식빵, 머핀, 소라빵 등을 사와 집에서

배가 빵빵해지도록 먹었다.

머핀 ·

 롤케이크 ·

  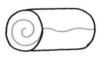 

 크루아상 ·

 도넛 ·

바게트

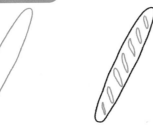  

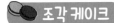 조각 케이크

 꽈배기

 핫케이크

푸딩

 와플

 허니브레드

 마카롱

월 일 요일 날씨

공원 산책

나는 주말 아침에 항상 우리 집 강아지와 산책을 간다. 달리기를

좋아하는 뽀삐와 함께 공원을 두 바퀴나 달렸다.

뛰고 나니 땀은 났지만 기분은 상쾌했다. 뽀삐도 기분이 좋은지

힘차게 달려 쫓아가느라 숨이 찼다.

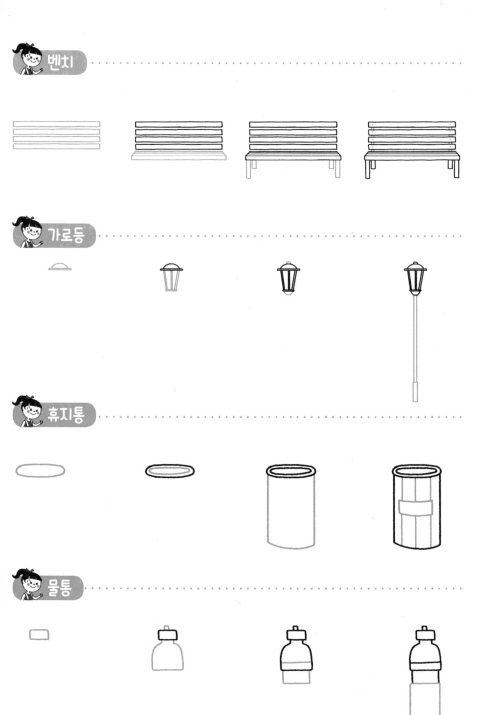

벤치

가로등

휴지통

물통

PART 5
학교생활

월 일 요일 날씨

입학식 하는 날

이모가 초등학교 입학 선물로 사 주신 책가방과 신발주머니를 들고

입학식에 갔다. 유치원 가방은 친구들과 다 똑같았는데, 이제는

저마다 다른 가방을 매고 있는 모습을 보니 진짜 초등학생이 된 게

실감났다. 새 출발 모두 화이팅!

학교

 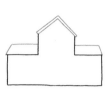  

 책가방

 신발주머니

 실내화

월   일   요일   날씨 ☀️ ☁️ ☂️ ❄️

친구와 싸운 날

내가 아끼는 필통이 없어져서 한참을 찾았는데 알고 보니 짝꿍이

장난을 치려고 몰래 감췄던 것이다. 너무 화가 나서 친구와 한

마디도 하지 않았다. 집에 와서 생각해 보니 내가 짝꿍한테 너무

심했나 미안한 기분이 들었다.

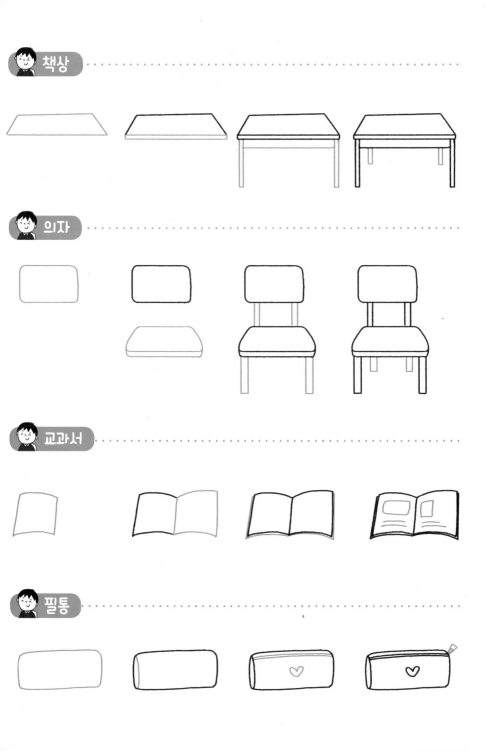

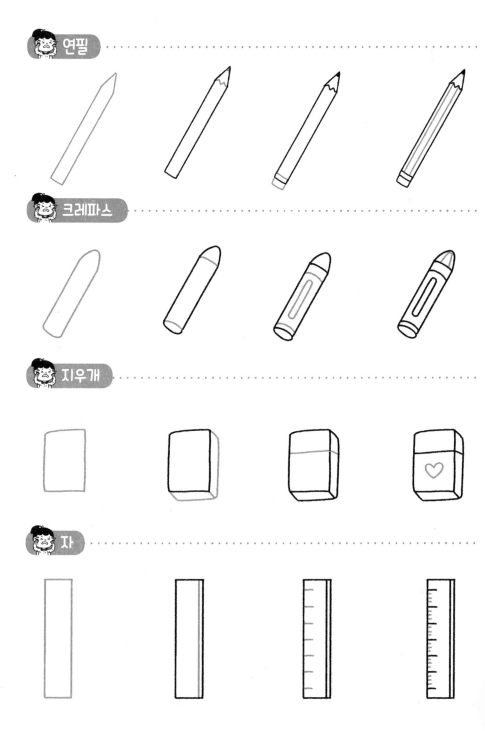

연필

크레파스

지우개

자

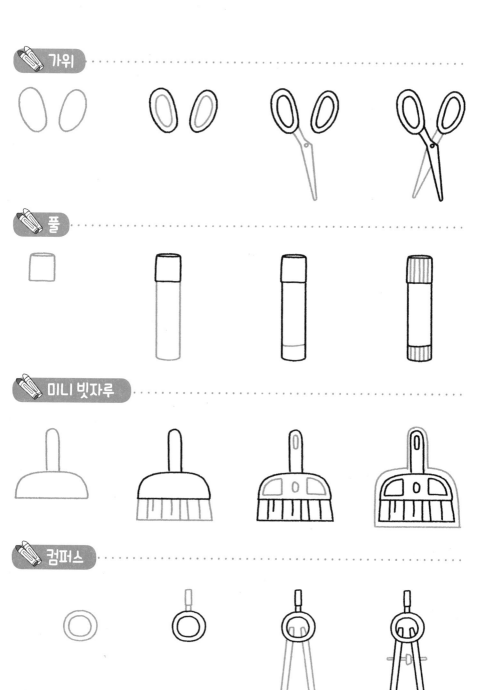

가위

풀

미니 빗자루

컴퍼스

 스카치테이프

 다용도풀

 커터칼

 집게

 스테이플러

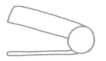 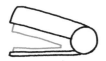 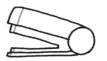

 수정액

   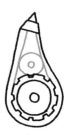

 파일

 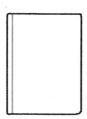  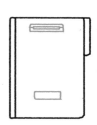

 종합장

월 일 요일 날씨

우리 팀 이겨라!

오늘은 학교에서 체육대회를 했다. 우리 반은 청군이었고,

공 던지기에서 이겨 백군과 비긴 채 대회가 끝났다. 우리 팀이

이기지는 못 했지만 경기하는 것도 흥미진진했고, 응원도 신 나게

하고, 무척 즐거운 하루였다.

메달

 트로피

박 터트리기

 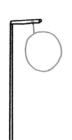  

확성기

월 일 요일 날씨

즐거운 소풍

드디어 내가 그토록 기다렸던 소풍날이다! 어린이대공원에

가서 동물들과, 물개 공연도 보고, 사진도 찍고, 친구들과 둘러

앉아 김밥을 먹었다. 역시 소풍은 김밥 먹는 재미지~! 야외에서

다같이 먹으니까 더욱 맛있는 것 같다.

도시락통

 김밥

 샌드위치

 주먹밥

월 일 요일 날씨 ☀ ☁ ☂ ❄

곤충 채집

여름 방학을 맞아 시골에 계신 할아버지 댁에 놀러 왔다. 이곳은

자연이 놀이터가 된다. 계곡에서 물놀이도 할 수 있고, 논밭과

뒷산에서 곤충 채집도 할 수 있으니 말이다.

쉿! 매미야, 잠자리야, 가지 마~!

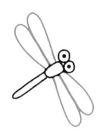

 매미

잠자리채

곤충 채집통

   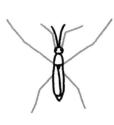

메뚜기

방아깨비

물방개

소금쟁이

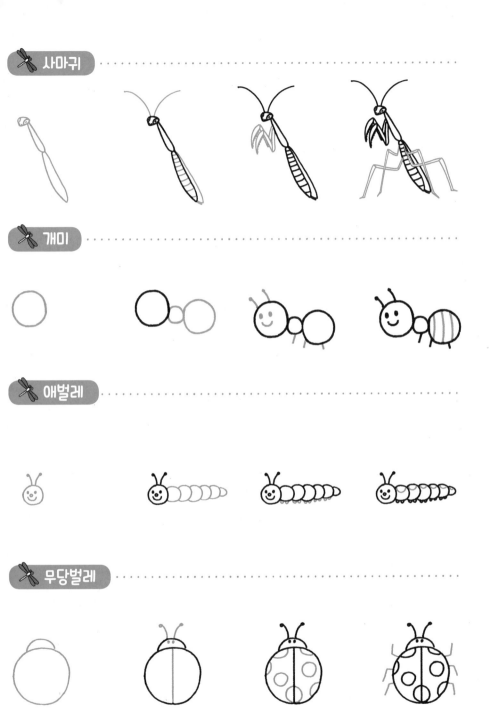

사마귀

개미

애벌레

무당벌레

월 일 요일 날씨 ☀️ ☁️ ☂️ ❄️

졸업 축하해!

나와 같은 학교에 다니는 언니가 오늘 졸업식을 했다.

그동안 언니와 같이 학교를 다녀서 좋았는데 이제부터는 혼자 가야

한다니 좀 심심할 것 같다. 언니, 졸업 축하해!

언니가 벌써 중학생이 되다니 시간 참 빠르다!

학사모

 카메라

 꽃다발

 졸업가운

PART 6
여가 활동

월 일 요일 날씨 ☀ ☁ ☂ ❄

놀이공원 간 날

우리 가족은 오늘 놀이공원에 다녀왔다. 동생과 함께 롤러코스터를

처음 타 보았는데, 내려갈 때 그 기분은 정말 최고였다! 동생은

너무 무섭다며 타는 내내 소리지르고 울고불고 난리였다. 나는 그런

동생이 창피해서 내릴 때 모른 척하며 내린 건 비밀!^^

대관람차

   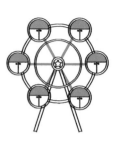

회전목마

 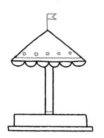 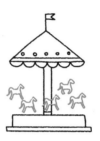 

범퍼카

마법의 성

월 일 요일 날씨 ☀️ ☁️ ☂️ ❄️

사파리 동물원

놀이공원 옆에 동물원에 가서 사파리차를 타고 호랑이,

사자, 곰을 가까운 거리에서 봤다. 특히 곰은 인사도 하고, 과자도

받아먹고, 농구하는 것도 보여 주었는데 큰 덩치와는 반대로 무척

귀여웠다.

 사자

치타

곰

코끼리 ·

 하마 ·

 판다 ·

 여우 ·

기린

 사슴

 얼룩말

 악어

 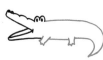  

앵무새

 공작새

 타조

 딱따구리

독수리

 홍학

 부엉이

 백조

 **코알라**

 나무늘보

 캥거루

 낙타

월 일 요일 날씨 ☀️ ☁️ ☂️ ❄️

농장에 갔어요

목장에 우유 짜기 체험을 하러 갔다. 젖소에서 우유가 나오는

걸 직접 보니 정말 신기했다. 우유로 치즈도 만들어서 먹었는데

평상시에 먹던 것보다 더 고소하고 맛있게 느껴졌다.

젖소야, 맛있는 우유를 줘서 고마워!!

젖소

 양

 돼지

 염소

닭 ·

 병아리 ·

 말 ·

 쥐 ·

월 일 요일 날씨 ☀ ☁ ☂ ❄

수족관에 가다

오늘은 우리 집 어항의 몇 십 배, 아니 몇 백 배 큰 수족관에 다녀왔다.

크기만큼이나 다양한 수중 생물들을 만났는데, 커다란 가오리도

인상 깊었지만, 아쿠아리스트가 물속에서 동물들에게 먹이를 주다가

나에게 손을 흔들어 준 게 가장 기억에 남는다.

돌고래

 고래

 물개

바다표범

상어

 펭귄

 문어

 거북이

가오리

 금붕어

 열대어

 복어

오징어

해파리

 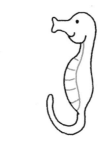 

해마

 새우

월 일 요일 날씨 ☀️ ☁️ ☂️ ❄️

공룡을 만나고 싶어

공룡박물관에 내가 제일 좋아하는 티라노사우루스를

보러 갔다. 가까이 가니 눈동자와 몸이 움직이고, 소리도 나서 순간

진짜인 줄 알고 깜짝 놀랐다. 옛날에는 공룡이 살았다는데 지금은

실제로 볼 수 없다니 슬프다.

 티라노사우루스 ·

 트리케라톱스 ·

 브라키오사우루스 ·

 프테라노돈 ·

스테고사우루스

엘라스모사우루스

매머드

월 일 요일 날씨 ☀☁☂❄

직업 체험관에 간 날

오늘 엄마와 친구들과 직업 체험관에 갔었다. 여러 가지 직업

체험을 해 보았는데 나는 커서 아나운서가 되고 싶다. 뉴스를

진행하는 앵커의 모습이 멋있어 보이기고 하고, 프로그램에서

사회를 맡으면 연예인도 많이 만날 수 있을 것 같기 때문이다.

아나운서

 과학자

 요리사

 스튜어디스

발레리나

 마술사

 피겨스케이트 선수

 뮤지션

월 일 요일 날씨 ☀️ ☁️ ☂️ ❄️

식물원에서 있던 일

식물원에 가서 선인장을 구경하는데 가시에 손을 대 보고 싶었다. 역시나

생각했던 대로 많이 따가웠다. 다양한 식물을 구경하다 보니 이렇게

예쁜 꽃과 나무들이 우리 주변에 있다는 게 새삼 고마웠다. 또 우리가

몰랐던 식물들이 정말 많다는 것을 깨달았다.

 페루애플 선인장

 파리지옥

 알로에

월 일 요일 날씨

3D 영화를 봤어요

아빠와 함께 영화를 보러 갔다. 3D 영화여서 극장에서 주는

안경을 끼고 봤는데, 주인공들이 진짜 내 눈 앞에 있는 것처럼

실감났다. 영화관에서 팝콘과 음료수 먹는 재미도 빼놓을 수 없지!

영화까지 재미있어서 오늘 영화관 나들이는 대성공이다!

팝콘

음료수

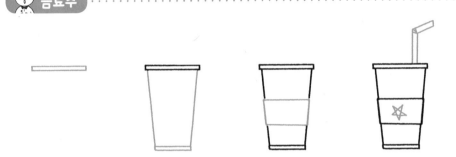

3D 안경

슬레이트

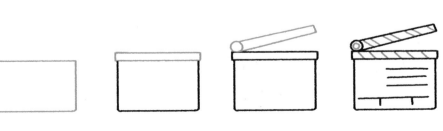

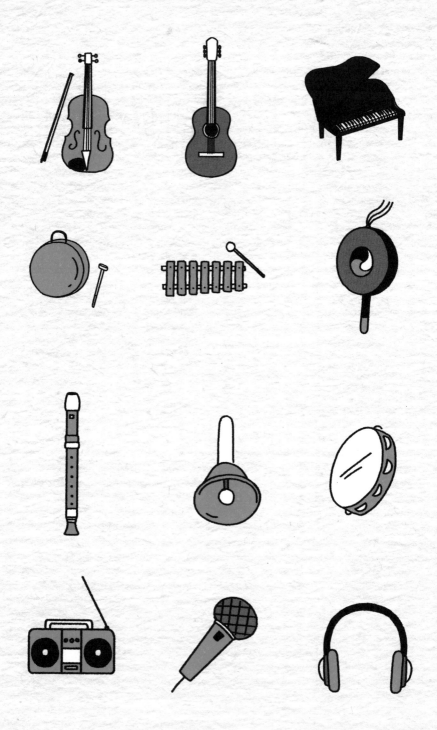

PART 7
취미 생활

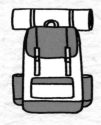

월 일 요일 날씨

바이올린 연주회

바이올린 연주회가 있는 날이었다. 처음 하는 연주회라

너무 떨려서 중간에 조금 실수하고 말았다. 열심히 연습했는데

실수해서 너무 속상했지만 엄마 아빠가 멋진 연주였다고 말해

주셔서 위로가 되었다. 다음엔 더 잘해야지!

바이올린 ·

 기타 ·

전자기타 ·

우쿨렐레 ·

피아노

 피아노 의자

 실로폰

 멜로디언

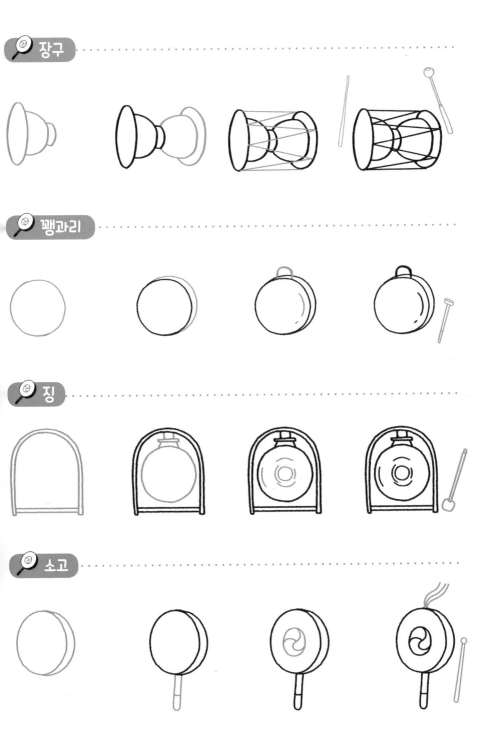

  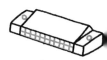

 리코더

트럼펫

핸드벨

심벌즈

 탬버린

 하프

마라카스

월 일 요일 날씨 ☀ ☁ ☂ ❄

노래 연습

소풍 때 장기자랑 시간이 있어 며칠 전부터 노래를 들으며 열심히

가사도 외우고 춤도 연습했다.

많은 친구들 앞에서 잘할 수 있을지 걱정되고 떨린다.

지금 연습한 것처럼 신 나게 부르자. 화이팅!

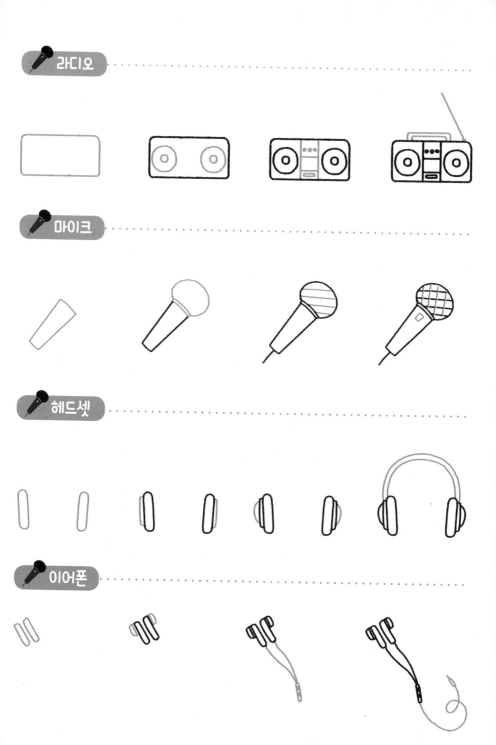

라디오

마이크

헤드셋

이어폰

월 일 요일 날씨 ☀️ ☁️ ☔ ❄️

아빠와 함께 등산

아침에 일찍 일어나서 아빠와 함께 등산을 갔다.

사실 아빠가 등산 가자고 깨울 때는 귀찮아서 가기 싫었는데

정상까지 올라가 보니 기분도 상쾌하고, 멋진 경치도

볼 수 있고 갔다 오길 정말 잘한 것 같다.

월 일 요일 날씨 ☀ ☁ ☂ ❄

캠핑 가는 날

우리 가족은 오늘 캠핑카에서 캠핑을 했다.

캠핑카 안에는 침대, 주방, 화장실도 있고 없는 게 없었다.

차를 타고 다니면서 여행을 할 수 있다니 정말 멋진 것 같다.

나중에 크면 캠핑카로 세계 일주도 해 봐야지!

캠핑카 ·

  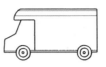 

 텐트 ·

 캠핑 의자 ·

 바비큐 그릴 ·

월 일 요일 날씨 ☀ ☁ ☂ ❄

내가 그린 그림

나는 그림 그리는 게 제일 즐겁다. 이번 엄마 생신 선물도 내가

직접 그림을 그려서 드리려고 한다. 드디어 오늘 그림을 완성했다.

엄마가 좋아하는 나무와 꽃을 주로 그리고, 날짜와 축하 문구도

넣었다. 엄마가 마음에 들어 하셔야 할 텐데….

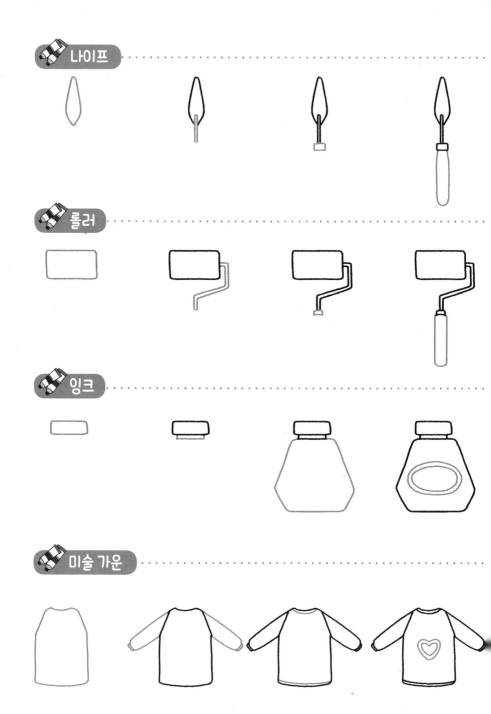

나이프

롤러

잉크

미술 가운

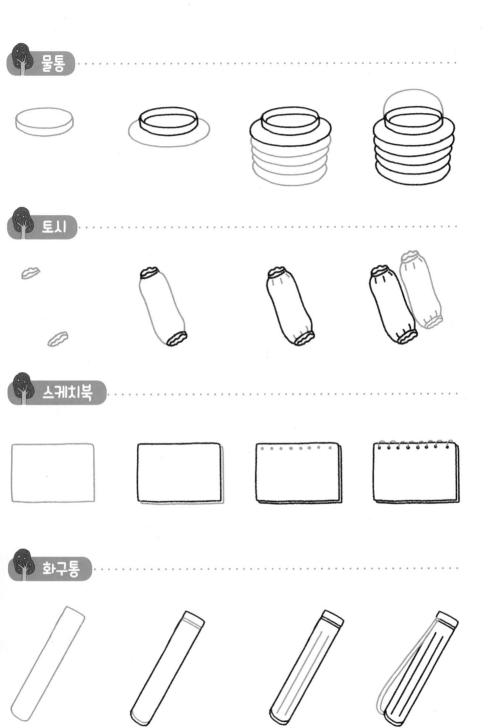

물통

토시

스케치북

화구통

PART **8**

기념일

월 일 요일 날씨

새해 복 많이 받으세요

설날을 맞아 한복을 입고 할아버지 댁에 방문했다.

"새해 복 많이 받으세요." 말하며 세배를 했고, 할아버지께

세뱃돈도 받았다. 부모님과 친척분들에게도 모두 세배했다.

추석보다 설날이 더 좋은 이유가 바로 세뱃돈 때문이란 건 안 비밀~!^^

남자 한복

 여자 한복

복주머니

떡국

복조리

 고무신

 노리개

 버선

제기

팽이

방패연

 가오리연

월 일 요일 날씨 ☀ ☁ ☂ ❄

나의 생일 파티

오늘은 드디어 기다리고 기다리던 내 생일!

친구들을 초대해서 맛있는 음식이랑 케이크도 먹고 하루 종일 신

나게 놀았다. 친구들이 선물도 많이 줬다.

친구들아 정말 고마워! 내일이 또 내 생일이었으면 좋겠다.^^

케이크

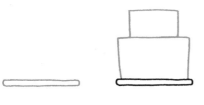

 초

 선물

 고깔모자

월 일 요일 날씨

오늘은 어린이날

어린이날에는 내가 원하는 장난감 한 개를 마음껏 고를 수 있다.

사고 싶은 것이 많아서 뭘 살지 너무 고민된다. 고민 끝에 이번

어린이날 선물은 로봇 장난감을 골랐다. 이제 크리스마스를

기다려야겠군!^^

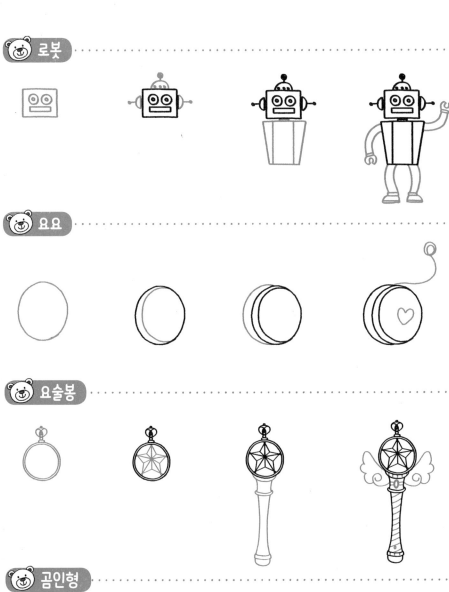

로봇

요요

요술봉

곰인형

기념일 4
어버이날

월 일 요일 날씨 ☀ ☁ ☂ ❄

아빠 엄마 사랑해요

오늘이 어버이날이라 아침에 아빠와 엄마께 카네이션 바구니를

선물해드렸다. 예쁜 편지지에 편지도 쓰고, 선물로 효도 쿠폰도

만들어 드렸는데 매우 좋아하셔서 나도 덩달아 기분이 좋았다.

아빠, 엄마 사랑해요!

 카네이션

 리본

 바구니

월 일 요일 날씨 ☀️ ☁️ ☂️ ❄️

할로윈 파티

우리 동네 음식점에서는 할로윈 데이 때 사탕을 나눠 준다.

그래서 친구들과 저녁에 만나기로 약속하고, 나는 꼬마 유령으로 변신해서

약속 장소에 나갔다. 그곳엔 이미 스파이더맨, 백설공주, 아이언맨이

나와 있었다. 우리는 서로를 보며 깔깔 웃어 대기 바빴다.

호박

 마녀 모자

 막대 사탕

 여러 가지 사탕

 빗자루

 낫

 박쥐

 드라큘라 관

월 일 요일 날씨

크리스마스는 선물 받는 날?

그동안 나는 크리스마스는 착한 아이들이 산타할아버지께 선물

받는 날이라고만 생각했다. 이제는 예수님의 탄생을 축하하는

날로, 교회에 가서 예배를 드리고, 가족들과 다함께 맛있는 저녁을

먹으며 기념하기로 했다. 선물 못 받는 건 조금 아쉽긴 하다. ㅜㅜ

산타클로스 ·

 루돌프 ·

 썰매 ·

  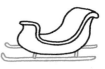

 선물 주머니 ·

 크리스마스트리

 종

 천사

포인세티아

크리스마스 리스 . . . .

 크리스마스 방울 장식 . . . .

 크리스마스 지팡이 장식 . . . .

 크리스마스 양말 장식 . . . .

PART 9
운동

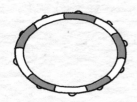 

월 일 요일 날씨 ☀️ ☁️ ☂️ ❄️

축구 시합

오늘 친구들과 축구 시합을 했다. 비록 내가 골을

넣지는 못 했지만 우리 팀이 이겨서 기분이 좋다. 열심히

뛰어서인지 배가 고파 집에 오자마자 허겁지겁 저녁을 먹었다.

다른 때보다 밥이 더 꿀맛 같았다. 한 그릇 더 주세요!

축구공

 축구골대

   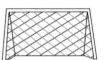

 축구복

축구화

월 일 요일 날씨 ☀️ ☁️ ☂️ ❄️

야구 경기

일요일에 아빠와 함께 처음으로 야구장에 갔다. 집에서 볼 때보다

경기가 더 흥미진진했고, 다같이 응원하니까 더욱 신이 났다.

영화관에 가면 팝콘이 필수이듯, 야구장에서는 치킨을 먹어

줘야지! 아빠, 야구장 다음에 또 언제 가요?

야구공

 야구방망이

 글러브

 야구모자

월 일 요일 날씨 ☀️ ☁️ ☂️ ❄️

농구 시합

이번 주말에 농구 시합이 있어서 오늘 친구들과 연습을 했다. 골이

생각보다 잘 안 들어가서 답답했다. 농구 경기를 보면 선수들은

슛도, 드리블도 무척 쉽게 하는 것처럼 보이는데 막상 해 보면 너무

어렵다. 나도 농구 잘하고 싶다. ㅜㅜ

농구골대

 농구복

 스톱워치

월 일 요일 날씨

배드민턴 경기

엄마와 내가 한 팀, 동생과 아빠가 한 팀으로 편을 나누어

배드민턴 경기를 했다. 진 팀이 아이스크림 내기 시합이었다.

나는 승부욕이 발동되어 정말 열심히 뛰었다. 결국은 우리 팀이

아이스크림을 사야 했지만, 우리 가족은 시합 내내 웃음꽃이 피었다.

 배드민턴라켓

 셔틀콕

 테니스라켓

 테니스네트

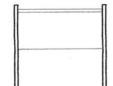 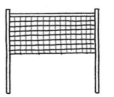 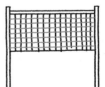

월 일 요일 날씨 ☀ ☁ ☂ ❄

태권도 격파 대회

오늘 태권도장에서 격파 왕 대회가 있었다. 내 차례가 되었다.

난 우주의 기운을 모아 힘껏 날아올라 주먹을 판에 내리꽂았다. 이얍!

8장이 깨졌다. 옆에 있는 친구가 10장을 깨서 비록 메달을 따진 못

했지만 그래도 괜찮다. 나에겐 내년이 있으니까!^^

헤드가드

 태권도복

 태극기

 보호대

월 일 요일 날씨

스케이트보드

요즘 나는 스케이트보드 타는 재미에 푹 빠졌다. 처음에는 보드판에 두 발을 올려놓기 무서웠는데, 이제는 속도도 빨라지고, 몸도 자유롭게 움직일 수 있게 되었다.

이제 바퀴 달린 것들은 뭐든 자신 있다! 음하하

 스케이트보드

 인라인스케이트

 안전모

 무릎보호대

월 일 요일 날씨

음악 줄넘기

이번 방과 후 수업에 음악 줄넘기를 신청했다. 드디어 오늘 첫

수업이었다. 신 나는 음악에 맞춰서 줄넘기를 하는 건데, 그냥

할 때보다 훨씬 재미있고, 더 잘 되는 것 같았다. 이렇게 재밌는

수업이었다니! 빨리 다음 시간이 되었으면 좋겠다.

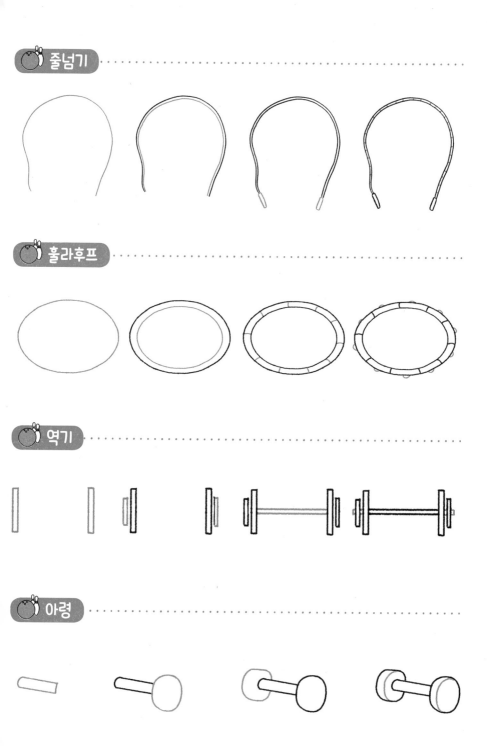

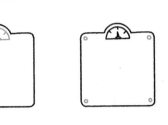 체중계

 줄자

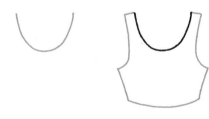 운동복(상의)

 운동복(하의)

● ━● 볼링

● ━● 복싱

● ━● 골프

PART ⑩
교통수단

월 일 요일 날씨 ☀ ☁ ☂ ❄

자동차에 갇힌 날

오늘은 자동차에서 하루를 다 보낸 것 같다. 시골에 있는

할머니댁에 가려면 차로 4시간 정도 가야 하는데 너무 막혀서

6시간이 걸렸기 때문이다. 자동차가 편리하긴 하지만, 막힐

때는 정말 차를 버리고 걸어가고 싶기도 하다.

승용차

 경차

   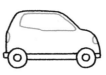 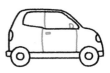

자동차(SUV)

  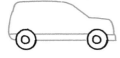 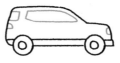 

스포츠카

   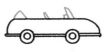 

월 일 요일 날씨 ☀ ☁ ☂ ❄

나의 멋진 자전거

오늘 새 자전거가 생겼다. 이제 두 발 자전거를 탈 수 있게 되었기

때문이다. 새로 산 기념으로 동네 한 바퀴를 돌고 집으로 돌아왔다.

바람을 가르며 시원한 공기를 쐬고 나니 기분이 상쾌해졌다.

자전거에 예쁜 이름도 지어 줘야겠다.

자전거

오토바이

스카이콩콩

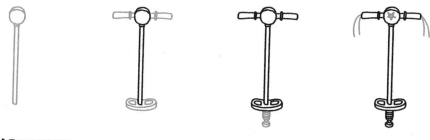

킥보드

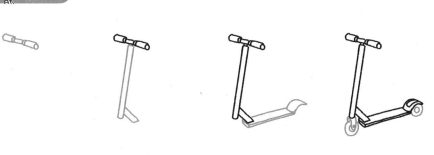

월 일 요일 날씨 ☀️ ☁️ ☂️ ❄️

신기한 2층 버스

외국에서 놀러 온 친척 언니에게 서울 구경을 시켜 주기로 했다.

광화문에서 시티투어 버스를 탔는데, 우리가 탄 2층 버스는 지붕이

없어서 시원한 바람을 쐬며 시내를 구경할 수 있었다. 자주 다니던

곳을 2층 버스를 타고 바라보니 또 다른 느낌이었다.

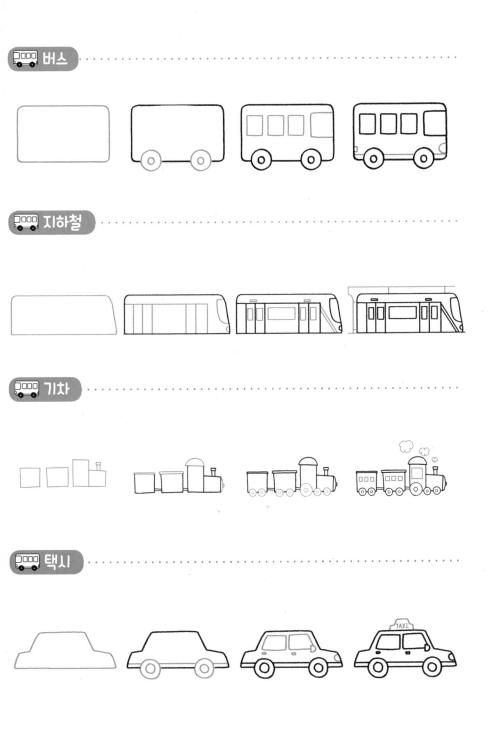

버스

지하철

기차

택시

월 일 요일 날씨 ☀ ☁ ☂ ❄

공사장의 멋진 차들

어려서부터 나는 중장비 차들이 멋있어 보였다. 그래서 공사장에

지나다니던 차들을 구경하며 운전해 보는 상상을 하곤 했다. 특히

굴착기 포크 모양 부분에 타면 어떤 기분이 들까 궁금했다. 놀이기구

타는 느낌일까?^^

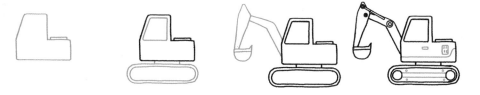

굴착기 [포크레인]

불도저

덤프트럭

트럭믹서 [레미콘]

월 일 요일 날씨 ☀️ ☁️ ☂️ ❄️

유람선 탄 날

한강에서 유람선을 처음 타 봤다. 배는 바다를 가야만 탈 수 있을

거라 생각했는데, 이렇게 가까운 곳에서 배를 탈 수 있다니! 배를

탄 후 한강공원에서 돗자리 펴고, 도시락 먹는 재미도 있고 나들이

코스로 강력 추천이다!

유람선

   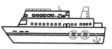

 구명조끼

 요트

 등대

 잠수함 ·

 윈드서핑 ·

 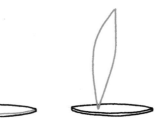 

 제트스키 ·

 카누 ·

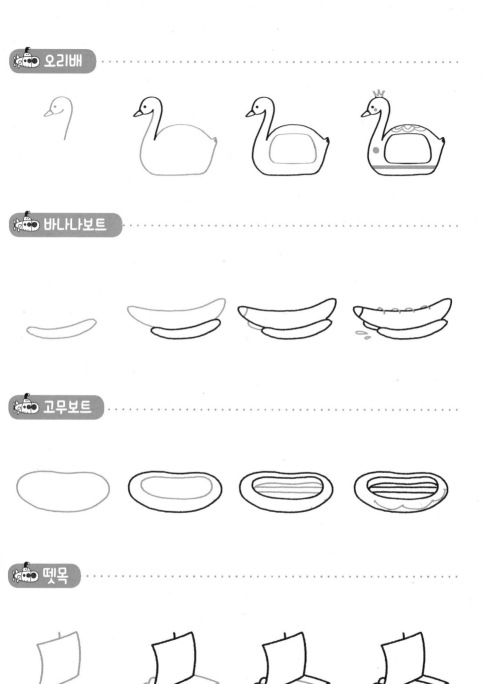

오리배

바나나보트

고무보트

떗목

월 일 요일 날씨 ☀️ ☁️ ☂️ ❄️

하늘을 날다

우리 가족은 여름 휴가로 괌에 가기로 했다. 여행을 가는 것도 신

나지만 내가 제일 기대되는 것은 비행기를 타는 것이다. 내 꿈이

비행기 조종사이기 때문이다. 이렇게 큰 비행기가 하늘을 날 수

있다니 정말 멋지고, 신기하다.

 비행기

 캐리어

 헬리콥터

 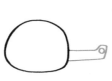 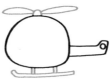 

 열기구

 비행선

 낙하산

 패러글라이딩

 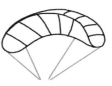 

 행글라이더

경비행기 ·

 제트기 ·

 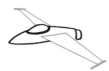 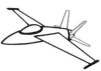 

 글라이더 ·

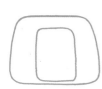 케이블카 ·

월 일 요일 날씨 ☀ ☁ ☂ ❄

우주에 가 보고 싶어

우주에 관한 책을 보다가 우주에 가 보고 싶은 생각이 들었다.

엄마는 내가 어른이 되면 우주로 여행을 가는 날이 올 거라고

하셨다. 정말 그게 가능할까? 우주에는 진짜 외계인이 있을까?

빨리 커서 우주를 여행해 보고 싶다.

우주인

비행접시

   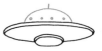

외계인